本书是甘肃省教育厅高校教师创新基金项目"政策落实跟踪审计助力陇东地区乡村振兴战略精准实施研究"（编号：2023B-210）阶段性研究成果

乡村治理下的农村审计创新研究

李 婷 著

中国原子能出版社

图书在版编目（CIP）数据

乡村治理下的农村审计创新研究 / 李婷著. -- 北京 ：
中国原子能出版社，2024. 6. -- ISBN 978-7-5221-3489-
5

Ⅰ. F239.61

中国国家版本馆 CIP 数据核字第 2024HU0170 号

乡村治理下的农村审计创新研究

出版发行	中国原子能出版社（北京市海淀区阜成路 43 号　100048）	
责任编辑	王齐飞	
责任印制	赵　明	
印　　刷	河北宝昌佳彩印刷有限公司	
经　　销	全国新华书店	
开　　本	787 mm×1092 mm　1/16	
印　　张	16.75	
字　　数	260 千字	
版　　次	2024 年 6 月第 1 版　2024 年 6 月第 1 次印刷	
书　　号	ISBN 978-7-5221-3489-5	定　价　**88.00** 元

发行电话：**010-68452845**　　　　　　　　版权所有　侵权必究

前　言

随着中国经济的快速发展，农村地区在经济、社会和文化等方面与城市地区相比出现了差距，这就需要通过有效的乡村治理来促进农村地区的综合发展，缩小城乡差距。2024年"中央一号"文件《中共中央、国务院关于学习运用"千村示范、万村整治"工程经验有力有效推进乡村全面振兴的意见》指出当前和今后一个时期，提升乡村治理水平是推进乡村振兴工作的重点任务之一。乡村治理是指在农村地区实施的一系列治理活动和管理措施，旨在促进农村社会、经济和文化的全面发展，提高农村地区的综合治理水平。它涉及多方面的内容，包括农村经济发展、土地管理、资源利用、环境保护、社会秩序、文化教育，以及农民福祉等。通过良好的乡村治理，可以优化农村的资源配置，提高农业生产效率，改善农村生态环境，保障农民权益，以及提升农村公共服务水平。同时，有效的乡村治理也是实现社会稳定、促进城乡和谐发展的关键因素。

我国乡村治理取得了长足的进步，涉农资金的投入也在不断增加。但是，由于农村经济监督体系的不完善，部分农村干部存在对这些资金使用不当的问题。因此，构建一个统一高效、符合农村经济和社会发展需求的农村审计体系，对于建设法治乡村至关重要。这样的审计体系不仅能提升涉农资金的使用效率，而且对于实现全面的乡村振兴战略具有重要作用。作为一项保障组织目标达成的制度设计，农村审计在当前社会治理、政府治理及产业转型的关键时期，应承担更大的历史责任，成

为乡村治理变革中不可或缺的一部分。

本书共分七章，全面系统地论述了乡村治理下农村审计的创新路径。第一章介绍了乡村治理与农村审计的基础知识，探讨了乡村治理中审计的作用。第二章至第五章分别对乡镇领导干部经济责任审计、农村集体经济审计、涉农专项资金审计和乡村振兴政策落实跟踪审计的创新进行了深入探讨，重点分析了不同领域农村审计的创新策略和优化路径。第六章分析了信息化驱动农村审计创新发展的策略。第七章对农村审计创新的保障体系建设进行了补充，包括农村审计法规体系建设、农村审计问责制的健全和农村审计队伍建设。

本书的特色在于其全面性和创新性。本书不仅涵盖了农村审计的多个重要领域，还深入探讨了每个领域中的创新策略，为农村审计工作提供了新的视角和方法。本书结合了当前我国乡村治理的实际情况，特别是针对乡村振兴战略的实施，提出了具有针对性的审计创新方案。书中融入了案例分析，如陇东地区的案例研究，不仅增强了理论的实践性，也提高了内容的可读性和实用性。通过本书的研究，期望为农村审计实践提供理论和方法上的指导，为乡村治理和乡村振兴战略的实施贡献智慧和力量。此外，本书在编写过程中得到了甘肃煤田地质局庆阳资源勘查院资产财务科李毛毛会计师的热心帮助，感谢其为本书搜集整理资料、统计分析数据。同时，本书出版由陇东学院资助。

本书虽然提供了对农村审计领域的深入分析和系统论述，但由于农村审计本身是一个不断发展和演变的领域，书中的内容难免有所局限。随着乡村治理环境的变化和审计实践的不断创新，一些理论和策略可能需要进一步的更新和完善。为此，诚挚地邀请广大读者提出宝贵建议，以帮助不断完善和深化这一领域的研究，共同推动农村审计工作向更高水平发展。

目　录

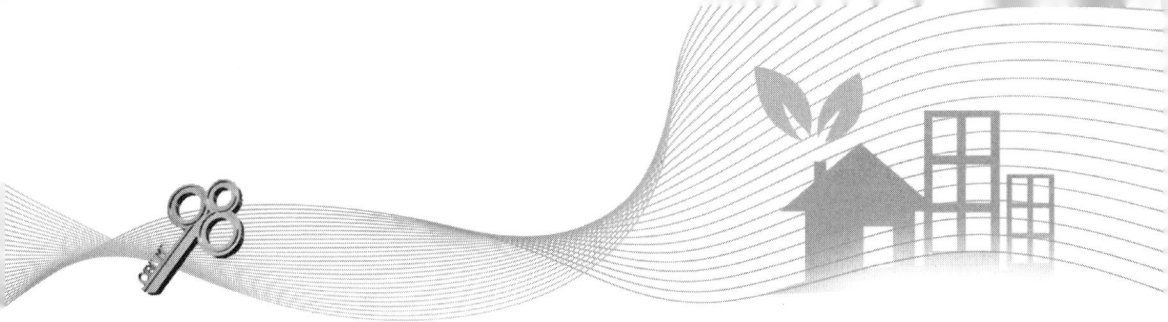

第一章　乡村治理与农村审计概述

本章解析了乡村治理的基本知识，包括乡村治理概念、基本特征与主要任务、现实意义，以及与乡村振兴的关系；介绍了农村审计的基础知识，分析了农村审计在乡村治理中的作用。

第一节　乡村治理认知

乡村社会是国家治理的重要场域，乡村治理的成效直接关系到我国乡村振兴战略的成败。随着城镇化和工业化的快速推进，处于现代化进程中的乡村社会结构产生巨大的变迁，乡村治理面临前所未有的挑战。

一、乡村治理的概念

治理是指在管理一个地区经济社会资源的过程中，运用公共权力的具体方式。在国内，乡村治理的概念最早由徐勇教授提出。他认为，乡村治理的核心在于通过解决乡村所面临的问题，推动乡村的发展和稳定，涉及乡村治理主体、权力结构、治理目标、治理机制等不同维度。具体来说，乡村治理是指一个由国家和社会共同作用形成的公共权威，并围绕乡村社会的公共事务而开展的一系列基层集体行动，是国家治理体系

的重要组成部分。

　　学术界对乡村治理的研究可以从权力导向、主体导向和目标导向三个领域进行。权力导向关注的是如何在不同利益主体间实现权力的多元化分配，确保治理过程中的公正性和有效性。主体导向强调的是不同性质的组织，如乡镇党委、政府及其附属机构、村级组织，以及民间群体，它们通过特定的制度机制协同工作，共同管理乡村公共事务。而目标导向是指所有治理活动的最终目的是服务于提升乡村社会公共利益，确保治理成果能够最大限度地惠及乡村社区。

二、乡村治理的基本特征与主要任务

（一）乡村治理的基本特征

乡村治理的基本特征如图 1-1 所示。

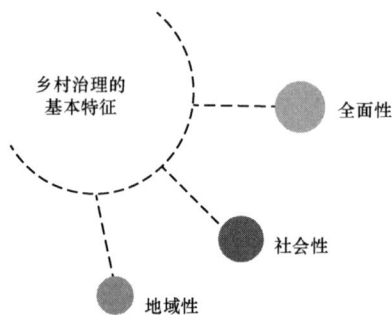

图 1-1　乡村治理的基本特征

1. 全面性

　　乡村治理是一个多维度的综合性工程，不仅局限于经济发展，而且涵盖了社会、政治、文化及环境等多方面。从内容来看，乡村治理关注促进现代农业的转型、提高农民收入的连续性、加强农村基础设施，以

及发展农村社会事业和民主政治建设等各方面内容。从方法和手段来看，乡村治理既包括经济手段，也包括行政手段、社会手段和法律手段等。乡村治理的全面性确保了乡村治理不是孤立和片面的，而是一个系统化的整体，旨在实现乡村发展的可持续性和乡村社会的全面进步。

2. 社会性

乡村治理的社会性强调了社会各界在乡村发展中的参与和作用，这反映了乡村治理是一个全社会共同参与的过程。在这一过程中，党组织、政府、农村组织，以及农民群众等不同主体发挥着各自的作用。政府在这一过程中扮演着主导角色，这主要体现在财政投入、政策支持及整体调控等方面。而农村组织，如村民委员会和各种社团组织，则构成了乡村治理的基础和依托，它们紧密联系农民群众，传递政府意图，实施治理措施，调动社区资源。农民群众是乡村治理的核心力量和直接受益者，他们的积极参与是推动乡村治理向前发展的关键。只有通过农民群众的实际行动和参与，乡村治理的各项工作才能真正落到实处，实现预定目标。这样的社会性特征确保了乡村治理能够得到全体成员的支持与参与，促进了乡村社会的和谐与进步。

3. 地域性

由于不同地区的自然条件、经济基础、文化传统，以及社会结构各异，乡村治理策略在实施过程中展现出显著的差异性。这种地域性要求政策制定者和管理者深刻理解本地区的具体情况，根据当地的气候、土地、水资源、生态环境，以及社会经济发展水平等因素来定制乡村治理方案。例如，山区乡村的治理可能更侧重于保护生态和发展山地农业，而平原乡村可能更注重农业现代化和基础设施建设。这种地域性的认识确保乡村治理计划能够充分发挥本地资源优势，同时克服地域限制，真正做到因地制宜，以达到乡村社会和经济的全面发展。

（二）乡村治理的主要任务

1. 加快发展现代农业

加快发展现代农业是乡村治理的重要任务之一，这要求着重在科技创新和农业增长方式转变两个环节进行。第一，科技创新，特别是基于基因工程的现代生物技术，是现代农业发展的驱动力。利用这些技术突破，可以推进农业工程技术的发展，促进高效农业工厂化的兴起，实现农业生产领域的不断拓展。例如，通过农业科技人才工程和测土配方施肥，可以提高农作物的产量和质量，同时减少资源浪费。第二，转变农业增长方式，即发展循环经济，关键在于发展资源节约型和环境友好型的农业，实现高科技含量、高经济效益、低资源消耗、少环境污染的农业发展道路。这意味着建立一个资源到产品，再到消费，最后回到再生资源的循环农业新模式，从而推动农业向可持续发展转型。

2. 全面深化农村体制、机制改革

全面深化农村体制和机制改革是乡村治理的核心任务之一，旨在通过创新和完善制度，推动农村经济社会发展的质量和效率。这一任务涉及产权制度、土地管理、金融服务、市场准入等多个领域的改革。改革的目标是构建符合市场经济要求的现代农村经济体制，确保农民能够公平参与市场竞争，享受改革发展成果。这包括完善土地流转市场，激活农村要素市场，提高农产品市场化程度，以及推进农业产权制度和农村集体产权制度改革。同时，加强农村金融体系建设，提供更多元化、便捷的金融服务，支持农民创新创业。通过这些综合改革措施，旨在激发农村内生动力，增强农村经济的活力和自我发展能力，为乡村振兴打下坚实的基础。

3. 加强乡村基础设施建设

加强乡村基础设施建设是乡村治理的关键任务，它直接影响着农村生产生活条件的改善和乡村整体发展水平。基础设施建设主要包括交通、水利、能源、信息通信等领域，这些是确保农村社会经济健康发展的物质基础。具体来说，改善农村道路网络，可以加强农产品的市场流通，降低物流成本；完善灌溉系统和水利设施，能够提高农业生产效率，减少自然灾害风险；发展农村电网和可再生能源，可以提高农村能源供应的可靠性和可持续性；而信息通信基础设施的建设，则是提升农村信息化水平，缩小城乡数字鸿沟的必要条件。通过这些基础设施的完善和升级，可以有效促进农业现代化，提高农民生活质量，为农村经济的多元化发展创造条件，同时也有助于吸引更多的人才和资本投入农村，推动乡村振兴战略的实施。

4. 发展农村社会公共事业

发展农村社会公共事业是乡村治理工作的重要组成部分，它关乎农村社会的整体进步和农民群众的福祉。这一任务涉及教育、卫生、文化、社会保障等方面，旨在通过提供全面的公共服务，促进乡村社会的全面和谐发展。具体而言，提高农村教育水平，可以培养更多的人才，为农村可持续发展提供智力支持；加强农村医疗卫生服务，不仅能够改善农民的健康状况，还能够增强农民抵御疾病风险的能力；发展农村文化事业，如图书馆、文化中心和体育设施，可以丰富农民的精神文化生活；而完善社会保障体系，如养老、失业保险等，可以构建农民的安全网，增强农村社会的稳定性。这些公共事业的发展有助于提高农民的生活质量，促进社会公平正义，增强农民对乡村生活的满意度和归属感，从而为乡村治理和乡村振兴提供坚实的社会基础。

5. 增加农民收入

增加农民收入直接关系农民的生活质量和乡村治理的成效。这一任务的核心是通过多渠道增加农民的经济收入和改善其生活水平。实现这一目标需从提高农业生产效率、拓宽农产品销售市场、发展多种经营等方面着手。提升农业生产效率可通过引进先进的农业技术和设备来实现，同时改善农业生产结构，增加高附加值农产品的比重。拓宽销售渠道，通过建立农产品电子商务平台或农村合作社，将农产品直接对接市场，减少中间环节，提高农民的收益。鼓励农民进行多种经营，如发展乡村旅游、家庭工业等新型业态，增加非农业收入。此外，政府的支持政策，如提供农业补贴、税收优惠等，也是确保农民收入增长的重要措施。通过这些综合措施，不仅能够直接提高农民的经济收入，还能够激发农村地区的经济活力，为乡村的可持续发展提供强大动力。

6. 保障可持续发展

保障可持续发展是乡村治理任务中至关重要的一环，它要求在推动经济增长的同时，确保环境保护和社会进步，实现经济、社会、环境三者的和谐共生。为此，乡村治理须采取综合性策略，促进农业生态化和绿色生产，如推行低碳技术和循环经济、减少对自然资源的过度依赖和消耗。同时，加强农村环境治理，如水污染防治和垃圾处理、保护农村生态环境。此外，还应提高农村社会治理能力，完善公共服务体系，确保农民的基本福利和公共服务的均等化，如教育、医疗和养老服务。在社会管理上，倡导公平正义，增强农民参与决策的机会，使他们成为乡村发展的受益者和监督者。通过这些措施，可以实现农村社会的长期稳定和谐，促进农民的全面发展，从而保证乡村治理的可持续性，为后代留下宜居的乡村环境和良好的生产生活条件。

三、乡村治理的现实意义

（一）有利于和谐美丽社会的建设

乡村治理的现实意义之一是有利于和谐美丽社会的建设。优良的乡村治理不仅能改善农村的物质面貌，提升居住环境，还能促进社会关系的和谐。具体而言，良好的乡村治理可以帮助解决农村地区的社会矛盾，如土地纠纷、资源配置不均等问题，通过公正高效的治理机制和法律体系建设，确保农民权益、增强农民对社会公正的信任感。同时，乡村治理还包括文化传承与发展，通过挖掘和保护乡村文化，增强村民的文化自豪感和归属感，从而促进社区内部和谐及社会稳定。此外，乡村美化和绿化工作，以及乡风文明建设，也是构建和谐美丽社会的重要方面，它们能够提升农村地区的生活质量，让村民享受到更加宜居的环境。因此，有效的乡村治理直接贡献于构建一个环境优美、社会安定、文化繁荣的和谐社会。

（二）有利于加快城乡一体化进程

乡村治理对于加快城乡一体化进程具有显著的现实意义。通过强化乡村基础设施建设，改善农村交通、信息通信、水利、能源等基本公共服务，乡村地区能更好地与城市地区连接，缩小城乡发展差距。此外，深化农村体制机制改革，例如，土地制度改革、产权制度改革和农村金融体系完善等，可以为农村居民提供更多的经济机会和更好的市场准入，进而促进农民的就业和收入水平提升，使得乡村地区在经济上更加接近城市标准。

加强乡村治理还有利于资源配置的优化和效率提升，进一步推动农业现代化和农村产业结构的升级，这些都是城乡一体化不可或缺的组成部分。同时，通过公共事业的发展，比如教育和卫生服务的均等化，可

以提高农村居民的生活质量，使其享受到与城市居民相似的社会福利和服务，进一步促进社会公平。

城乡一体化不仅是物质层面的融合，还包括制度、文化和社会管理等多个层面。乡村治理通过提高农村的综合竞争力，促进城乡要素的自由流动和平等交换，有助于打破城乡二元结构，实现区域经济社会的均衡发展，为城乡居民创造更多平等的发展机会和生活条件，从而加快城乡一体化进程。

（三）有利于扩大内需，促进经济发展

乡村治理有利于从多方面激发农村经济活力，扩大内需，形成城乡互动、相互促进的良性发展格局，对于实现经济长期稳定健康发展具有重要作用。通过提升农业生产效率和发展现代农业，可以增加农村地区的供给能力，生产更多、更好的农产品以满足市场需求。这不仅能够直接增加农民的收入，还能够通过增加农民的购买力来刺激消费，从而在更广泛的层面上促进内需的扩大。加强乡村基础设施建设如交通、水利、能源和信息通信，可以改善农村的生产生活条件，吸引更多的投资进入农村，促进农村产业的多元化发展，这些新兴产业可以成为内需市场的新增长点。农村体制和机制的改革，如改善土地政策、优化农村金融服务，可以激励农民进行更多的市场化经营活动，增加非农业收入，进一步扩大农村的内部市场。通过发展农村社会公共事业和改善社会保障体系，提高农村居民的生活质量，也能创造更多的服务需求，增加消费类别和层次，这同样有利于内需的扩张。

四、乡村治理与乡村振兴

（一）乡村振兴的概念

乡村振兴战略被视为解决农业、农村和农民问题的关键举措，关系

到国家的长远发展和人民的生活水平。这个战略的核心在于强化农业的基础地位，提升农村地区的整体生活和生产条件，以及推进农民的福祉。

乡村振兴包含五个方面的振兴：产业、人才、文化、生态和组织。战略中提出的五大要求为：产业兴旺、生态宜居、乡风文明、治理有效和生活富裕。这表明了乡村振兴不仅关注经济发展，还涵盖了社会和文化的进步，环境的保护，以及治理结构的优化。

乡村振兴战略的实施体现了我国在新时代对农业农村改革发展的方向和重点的明确，以及对农业和农村地区在国家发展中所扮演角色的重视。该战略强调，中国的强大依赖于农业的强大，农村的美丽和农民的富裕是国家整体实力的体现。

（二）乡村治理与乡村振兴的关系

乡村振兴战略对我国乡村治理具有非常深远的影响和意义。实施乡村战略不仅能为我国乡村治理提供良好的政策保障，还能促进我国乡村的可持续发展。一般来说，乡村振兴与乡村治理之间的关系体现在以下两点。

1. 乡村振兴是实现乡村有效治理的重要支撑

乡村振兴事关我国乡村事业发展的重要战略，它属于一个全面的发展体系，这一体系的内容非常丰富，既包括传统的经济与产业发展，又包括当前普遍关注的人才兴旺、组织振兴、生态宜居等。乡村振兴战略的总要求是对新时期我国乡村发展的重要解读。在这一战略的指导下，我国乡村中一些发展不好的方面能够得到有效的治理，从而实现乡村发展的重要目标。

第一，乡村治理目标的实现需要乡村振兴战略的支持。乡村治理的

目标主要包括近期目标、中期目标与远期目标三个方面，其中还包括经济发展、社会进步、环境治理等具体的目标。无论如何，这些目标的实现都要以乡村振兴战略的实施为前提，以乡村战略为强力支撑。这样才能实现乡村有效治理的目标，促进我国乡村的健康发展。

第二，乡村有效治理目标的实现需要乡村振兴战略作为坚实的基础和保障。乡村有效治理的重要标志是实现法治、德治、自治的有机结合，而乡村法治、德治，以及自治水平的提高，也均要以乡村振兴战略为基本前提。离开了"乡村振兴"这一战略，乡村治理的效果就会大打折扣，难以实现乡村事业的全面健康发展。

2. 乡村治理是实现乡村振兴战略的重要保障

乡村治理不仅是时代赋予的一项重要任务，更是实现乡村振兴战略的重要保障。这突出体现在以下两个方面。一方面，乡村治理涉及乡村建设的方方面面，科学有效的乡村治理是支撑乡村战略实施的重要基础和保障。乡村振兴战略属于一个非常大的规划，从乡村规划的编制到乡村规划的实施，再到乡村规划目标的实现，都需要全体村民的参与，同时也离不开高效的乡村治理。通常情况下，乡村治理水平越高的乡村就越有利于乡村战略规划的实施，以及乡村战略目标的实现。另一方面，乡村治理中的法治、德治、自治可以说是乡村战略实施的重要保障。只有实现法治、德治、自治的乡村，以及这一项水平较高的乡村，才能顺利地开展乡村振兴战略规划，实现既定的战略目标。通过乡村治理，乡村各方面都能获得不错的发展，如乡村投资环境得到改善，能吸引大量的社会企业前来投资；乡村居民素质提高，推动乡村精神文明建设；乡村经济及社会环境的改善能吸引一些成功人士回乡创业等，这些方面的改善对于我国乡村振兴与发展都具有深远的影响和意义。

第二节　农村审计基础

一、农村审计的概念

农村审计是随着农村经济改革的深入而逐步发展起来的。农村审计在实践中已被人们所认识，理论和方法也被人们所关心。

（一）审计

"审"为"详知、明悉"之意。"计"为会计账目。审计的最初含义就是审查会计账目。审计发展至今，已经超越了查账的范畴，涉及对各项工作的经济性、效率性和效果性的查核。随着审计的不断完善和发展，人们对审计的概念也进行了深入的研究，最具有代表性的定义是：审计是由专职机构和人员，依法对被审计单位的财政、财务收支及其有关经济活动的真实性、合法性、效益性进行审查，评价其经济责任，用以维护财经法纪，改善经营管理，提高经济效益，促进宏观调控的独立性的经济监督活动。

（二）农村审计

农村审计是县级以上农村审计行政管理部门或乡镇人民政府依法设置的审计机构和人员，依照有关法律法规规定对农村集体经济组织及其所属企业事业单位的财务收支和其他经济活动的真实性、合法性、效益性进行的审计。

农村审计的概念可以从以下六方面来理解。

（1）审计的主体。农村审计的主体是县级以上的农村审计行政管理

部门和乡镇人民政府。农村审计包括三个最主要的主体，即国家审计机关、农村集体经济审计中心、乡镇审计机构。

（2）审计的客体。传统意义上，农村审计的客体主要包括农村集体经济组织及其所有的企业事业单位，以及其他类型的农村集体经济载体，如村民委员会、村民小组，以及使用农民负担费用的单位等。随着时代的发展，我国重大战略部署出现调整，以往审计客体具备一定局限性，无法满足现代乡村治理要求。因此，应以农村审计为工具，完成乡村治理的制约与监督。农村审计客体属于乡村治理执行系统，可以加快乡村治理的发展进程。实际审计过程中，应将多种类型的审计客体合并为乡村治理执行系统，除了涵盖之前内容外，还应增加重大财政资金专项审计、重大政策落实跟踪审计、领导干部经济责任审计，以及自然资源审计等。

（3）主客体关系。在农村审计中，审计主体与审计客体之间不存在直接的隶属或利益冲突关系。审计机构和人员作为独立第三方，不参与被审计单位的日常经营管理活动，其角色是监督和评价，而非直接管理。

（4）审计的对象。当前部分研究混淆了审计对象与审计客体，但两者并非完全等同，存在一定区别。审计客体主要指的是需要进行审计的单位或者个人，即审计的目标单位，而审计对象则是更具体的，指的是在审计过程中需要检查和评估的具体内容，通常是指那些能够展现经济活动的财务报表或者其他相关的经济信息和数据。农村审计工作集中于监督和评价村级领导干部是否遵守法规、是否尽到职责，以及是否严格执行乡村治理职责。因此，在农村审计中，审计对象具体指向的是反映领导干部履行公共责任的各种指标和数据，这包括专项资金的使用情况、政策的执行情况，以及村级财务账目的真实性和完整性。通过审计这些对象，可以评价乡村治理的有效性和领导干部的履职情况。

（5）审计的依据。审计依据是指导审计人员进行工作的基础，它为判断审计对象的合规性和正确性提供必要的信息和标准。在农村审计领

域，目前尚未有专门针对农村审计的依据出台，审计实践主要是基于现有的、普遍适用的审计模式进行的，包括法律法规、政策机制、绩效考核指标等方面的规定。此外，也有一些非正式的、地区特色明显的审计标准被采用。

① 正式指标。正式指标通常具有较广的适用范围，具有较高的权威性和公开性。例如，《审计法》等基本法律法规都是进行审计时必须遵循的正式指标。农业农村部门和审计署出台的具体规定，比如《农业农村部部属单位主要领导干部经济责任审计规定》和《关于内部审计工作的规定》，也属于正式指标的范畴。

② 非正式指标。非正式指标通常适用于特定的审计对象或领域，它们的权威性可能不如正式指标。比如，在农村自然资源审计中，不同地区因其资源的差异，可能需要不同的审计标准。在这种情况下，审计人员需要根据具体的地域特点来制定相应的审计依据，以确保监督和评价的效果。

无论是正式指标还是非正式标准，任何审计依据都应具备相关性、可靠性、权威性，以及适应地域特性的特点，以确保审计工作的准确性和有效性。在农村审计中，这意味着既要遵循普遍的法律和规定，也要考虑地方的具体情况和需要，从而制定和应用适宜的审计依据。

（6）审计的目的。农村审计旨在严格执行财经法规，通过改善农村集体经济组织及其附属企业和单位的管理，提升其经济效益。此外，它还旨在保护这些组织及其成员的合法权利，并推动农村基层组织的廉洁治理和社会的稳定。简言之，农村审计的目标是确保财经活动的规范、管理的优化、经济的增长、权益的保护、廉洁的治理和社会的和谐。

二、农村审计的职能

审计的职能是指审计本身所固有的体现审计本质属性的内在功能。

就审计的本质来看，审计是独立性的经济监督活动。因此，审计的职能是客观存在的。其最基本的职能是经济监督，这是由社会经济关系条件和社会经济发展的客观需求所决定的。审计的职能不是一成不变的，它要随着社会经济关系条件及社会经济发展的客观需求的变化，而不断地发展变化。因此，当审计发展到一定的历史阶段时，就由经济监督基本职能派生出经济评价和经济鉴证职能。明确认识审计的职能，对于指导审计工作实践，充分发挥审计的职能作用，完成审计的任务，建立健全我国农村审计监督体系和制度，具有重要意义。

具体而言，农村审计具有以下职能，如图 1-2 所示。

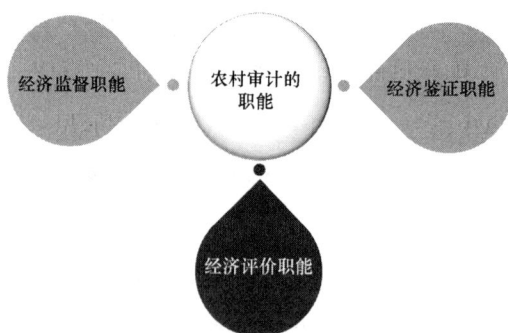

图 1-2　农村审计的职能

（一）经济监督职能

经济监督是农村审计的核心职能，它涉及对农村集体经济组织和企业事业单位的经济活动进行监督，以确保这些活动符合国家法律法规和财经纪律。审计通过对财务报告、经营结果和经济效益的检查，识别和预防经济活动中的不规范行为，如滥用职权、挪用资金、欺诈和腐败等。此职能不仅保障了农村资金的合法使用，促进了农村经济的健康发展，也为农村集体资产的安全提供了保障。同时，经济监督职能对于提高农村管理水平、推动农村经济结构调整和优化资源配置具有重要意义，它直接关联到农民的切身利益和乡村振兴的大局。因此，农村审计在经济

监督方面的作用不可或缺，是保持农村经济稳定和持续发展的关键力量。

（二）经济评价职能

评价指评定和建议。经济评价指通过审核检查，评定被审计单位的经济决策、计划、预算和方案是否先进可行，经济活动是否按既定的决策和目标进行，经济效益是高是低，以及管理经济活动的规章制度是否健全、有效等，从而有针对性地提出意见和建议，以促进其改善经营管理，提高经济效益。

审核检查被审计单位的经济资料及其经济活动，是进行经济活动评价的前提。只有查明了被审计单位的经济活动及其结果的真相，才能按照一定的标准，进行对比分析，形成各种经济评价意见。经济评价的过程，同时也是肯定成绩、发现问题的过程，建议就是审计人员围绕所发现的问题，分析问题形成原因，提出改进经济管理工作、提高效率的办法和途径。

（三）经济鉴证职能

农村审计的经济鉴证职能是对被审计单位的会计报表和相关经济资料进行鉴定和证明。审计通过检验财务收支记录和经济活动的公允性与合法性，评估这些信息的可靠性，并提供书面的鉴证报告。这一职能获得审计委托人或其他相关方的信任，并增强农村集体经济组织财务会计信息的透明度和信度。作为一种外部审计，农村审计的独立性赋予其审计结论较高的权威性，对于证实农村经济活动的真实性至关重要。

三、农村审计的分类

对农村审计按不同的标准进行适当分类，可以使审计人员从各种不同的角度、要求、特征更好地组织审计工作，从而提高审计工作质量。

常见的分类方式有如下几种。

（一）按审计的内容和目的分类

1. 财务收支审计

财务收支审计主要聚焦于审查农村集体经济组织及其所属企业事业单位的财务记录，验证其收入和支出的真实性、合规性和合法性。这类审计确保了会计记录的准确性，防止了财务欺诈和错误，保障了资金的合理使用和有效管理。通过对会计凭证、账簿、财务报表等进行系统的审查，财务收支审计帮助揭示财务管理中的问题，推动改进内部控制制度，增强财务透明度，提高财务管理效率，从而促进农村经济的健康发展。

2. 经济效益审计

经济效益审计专注于评估农村集体经济组织及其下属企业事业单位的经济活动效益。它考量投入产出比，分析经营管理的有效性，并判断资源是否得到了最优配置。此类审计不仅衡量财务结果，还关注投资回报、成本节约和收益最大化。其目标在于推动实体经济活动的效率，促进资源的合理利用，确保资金的有效投入，并助力农村经济的可持续发展。

3. 财经法纪审计

财经法纪审计主要关注农村集体经济组织及其企业事业单位是否遵守国家的财经法规和纪律。该审计类型旨在确保所有经济行为都合法合规，预防和发现违法违纪行为，维护财经秩序。通过审计，可以揭露贪污、挪用资金、财务舞弊等违法行为，有助于加强内部控制，提高财经管理水平，促进农村经济健康有序发展。

4. 经济责任审计

经济责任审计主要是对农村集体经济组织及其所属企业事业单位领导干部的经济责任进行审计。这种审计着重于评估领导干部在其任期内是否履行了经济管理职责，是否存在经济上的失职或不当行为，以及是否达到了预定的经济目标。它通过审查决策、执行和管理的全过程，确保领导干部对经济活动负责，促进经济规范运作，防止和控制经济风险，保护集体资产不受侵害，从而提高农村经济发展的整体效益。

（二）按审计工作进行的时间分类

1. 事前审计

事前审计是指在经济活动发生之前进行的审计。它主要涉及对计划、预算、项目的可行性和合规性的评估。此类审计的目的是通过预先的审核来预防违规和降低潜在风险，确保经济活动按照法律法规和政策规定正确开展，从而提高决策的质量和经济活动的效率。

2. 事中审计

事中审计是在经济活动进行过程中实施的审计。它主要监控和评价经济活动的执行情况，确保各项活动符合预定计划和法规要求。通过事中审计，可以实时发现问题并及时纠正，从而确保经济活动的有效性和合规性。

3. 事后审计

事后审计则是在经济活动完成后进行的审计。它对已发生的经济活动的结果进行评价，主要是对效果和绩效进行考核。事后审计有助于总结经验、评估成效、发现问题并提出改进建议，对于完善管理、提高效

率和促进责任追究具有重要作用。

（三）按审计的范围分类

1. 全面审计

全面审计是指对被审计单位某一时期的财政、财务收支和全部经济活动所进行的审计。全面审计完全按照会计核算的完整方法体系，对年度全部经济业务、财务管理制度执行情况等都进行审查，如：查核全部记账凭证及其所附原始凭证，查核日记账和分类账，盘点库存现金、银行存款、库存证券、库存材料、产品，核对债权债务往来账款等，以确证其实存数。全面审计的优点是受审范围广泛，审查详细彻底，有利于全面评价被审计单位的工作效果，但工作量较大，费时费力。全面审计适用于规模较小的经济单位或者说必须全面清查的重大案件。

2. 局部审计

局部审计，亦称专题审计，是一种目标明确、范围特定的审计活动。它关注被审计单位的特定部分或特定经济活动，而非全面审查所有财务和经济事项。这种审计方法以其高效性和明确的针对性而受到青睐，因为它允许审计人员集中资源和注意力在最需要的地方，以达到审计的预定目的。然而，局部审计的结果只能反映被审查部分的情况，无法全面评估整个单位的运行状况。尽管如此，局部审计仍是一种重要的审计手段，特别是在资源有限或需要迅速回应特定问题时。

（四）按审计是否确定时间分类

1. 定期审计

定期审计是指根据预先设定的时间表周期性进行的审计。这类审计

通常在一年或其他固定时期结束时进行，如年度审计或季度审计。定期审计的优势在于它为被审计单位提供了预期的审计时间，允许其准备所需的文件和记录，同时，它也为审计机构提供了规律的工作流程和时间管理。定期审计有助于及时发现和纠正问题，避免财务或管理上的过失积累影响，同时促进了组织内部的长期规划和改进。由于其预定的性质，定期审计也有助于确保财务报告的连续性，为利益相关者提供定期的财务透明度和信任。

2. 不定期审计

不定期审计，则是根据需要随时进行的审计，不受常规审计时间表的约束。这种审计可能是由于特定的情况或问题引起的，如对突发事件的回应、对可疑活动的调查，或是作为一种监督机制以确保规则和政策得到遵守。不定期审计增加了审计活动的灵活性，使审计机构能够迅速响应各种情况。由于其突发性质，不定期审计可以产生一定的威慑效果，防止企图规避审计监督的行为。不过，由于其不可预测性，不定期审计可能会对被审计单位的正常运营造成干扰，同时对审计机构来说，需要保持随时准备进行审计的能力和资源。

（五）按审计工作地点分类

1. 就地审计

就地审计，即现场审计，是在被审计单位的实际运营地点进行的审计。审计人员直接前往现场，审查账簿、文件和其他证据，观察实际运营情况，进行库存盘点和资产验证。就地审计可以提供最直接的观察和最准确的数据，因为审计人员可以立即解决发现的问题，并与被审计单位的员工直接沟通。这种类型的审计有助于确保数据的真实性，降低欺诈的风险，增强审计结果的可靠性。

2. 报送审计

报送审计是指被审计单位将相关的会计凭证、报表和其他必要的财务资料报送给审计机构，审计机构在自己的办公地点对这些资料进行审计。这种审计方式相对节省时间和成本，特别是在物理审计存在困难的情况下较为常用。然而，由于审计人员不能直接观察被审计单位的运营情况，因此，可能需要额外的程序来验证信息的准确性和完整性。报送审计在一定程度上依赖于被审计单位的诚信度和报送资料的质量。

（六）按审计工作是否具有强制性分类

1. 强制审计

强制审计是由法律法规规定必须执行的审计，通常是国家审计机关根据审计法及相关规定进行的。在强制审计中，被审计单位必须接受审计机关的审计，无权拒绝。此类审计旨在保护国家和公众的财政利益，确保公共资源的合理使用，防止腐败，加强对公共资金和国有资产管理的监督。强制审计的结果往往往具有法律效力，可能会导致对违规行为的处罚。

2. 委托审计

委托审计是指被审计单位或其他利益相关者基于合同关系自愿委托审计机构进行的审计。与强制审计不同，委托审计的委托方和审计方之间存在协议，审计范围、内容和时间等可以由双方协商确定。委托审计可以是财务审计、效率审计或其他特定目的的审计。委托审计有助于增强公司治理力度，优化经营管理，提高透明度，为委托方提供决策支持。

四、农村审计机构

（一）农村审计机构的职责

农村审计机构主要有如下职责。

第一，直接对农村集体经济组织或村民委员会及其所属企事业单位，以及使用农民负担费用（劳务）的单位的财务收支的真实、合法、效益依法进行审计监督。

第二，组织、指导村民自治组织和农村集体经济组织进行年度审计，主要负责人任期经济责任审计，以及其他专项审计。

第三，负责对农村审计人员进行培训、考核。农村审计人员执行持证上岗制度，因此，省一级农村审计行政管理部门内设的农村审计机构还负责农村审计人员上岗证颁发和后续教育等具体工作。

（二）农村审计机构的权限

农村审计机构的权限是法律赋予农村审计机构在履行审计职责过程中享有的权利。经农村审计行政管理部门或乡镇人民政府授权，农村审计机构在审计监督的过程中拥有以下权限。

1. 检查权限

检查权限是指农村审计机构有权要求被审计单位提供财务资料、检查会计记录和进行相关问题调查以获取审计证据的权力。农村审计机构拥有广泛的检查权限，包括如下内容。

（1）要求被审计单位报送预算执行情况、报告财务收支计划、财务报告及其他有关资料。

（2）检查被审计单位的会计凭证、会计账簿、会计报表及其他有关

资料。

（3）就审计事项的有关问题向有关单位和个人进行调查，并取得证明材料。

2. 行政处理权限

行政处理权限指的是农村审计机构在发现违反财务规定的行为时，拥有的制止、纠正，以及建议法律或行政措施的权力。具体来说，包括以下内容。

（1）对被审计单位正在进行的违反规定的财务收支行为有权予以制止。

（2）对被审计单位与国家或省的行政法规相抵触的财务收支制度、规定，有权予以纠正，或提请有权处理的单位、组织依法处理。

（3）对违法违纪的财务收支或侵占、挪用、私分集体资产的行为，在法定职权范围内，可责令或提请有关单位、组织，依照法律、法规的规定，责令被审计单位或有关人员限期缴纳应上缴收入、退还违法所得并赔偿损失。

3. 建议纠正违法规定权

认为被审计单位所执行的有关财务收支规定与国家或省的法律法规相抵触的，应当建议有关单位、组织纠正，有关单位、组织不予纠正的，应当报请有权处理的单位、组织处理。

4. 通报公布权

农村审计机构可以向政府有关部门、农村集体经济组织、村民委员会、村民代表会议、乡镇人民代表大会通报或向全体村民公布审计结果，以发挥民主监督的作用。

五、农村审计人员

（一）农村审计人员的业务素质要求

1. 专业知识

农村审计人员的专业知识要求是多方面的，他们不仅需要有坚实的财务和审计理论基础，还应具备对相关法律法规的深入理解，以及能够准确应用审计准则和分析各种财务活动的实际能力。这样的专业素质是确保农村审计工作能够高效、准确执行，同时也是保障农村经济健康发展的关键。

农村审计人员必须拥有深厚的财务和审计基础知识，包括会计原理、内部控制系统、财务管理、成本分析，以及审计技术等。这些专业知识不仅需要覆盖传统的会计和审计范畴，还应当涵盖农业经济特有的财务管理问题，比如农业补贴的管理、农产品成本的核算等。

除了财务和审计的专业知识，农村审计人员还需要熟悉相关的法律法规。在我国，农村审计人员要深入理解《审计法》《会计法》，以及其他与农村经济、土地使用、环境保护等相关的法律法规。掌握这些法律法规能够帮助审计人员在审计过程中正确识别法律风险，保证审计活动合法合规。

在理解和应用审计准则方面，农村审计人员需要将国家审计准则与实践相结合，适应农村经济的具体情况。这包括对预算执行的监督、政府投资项目的评估、公共资源的使用效率等方面的审计。精准地运用审计准则，不仅可以指导审计工作的开展，还能保证审计结果的公正性和有效性。

在识别和分析财务活动方面，农村审计人员必须能够对农村特有的

经济活动进行准确地分析和评价。例如，需要能够评估农村合作社的财务状况，监控扶贫项目的资金流向，以及审核村集体经济组织的收支情况。在这个过程中，不仅要进行数字上的核对，还要对数据背后的经济活动进行实质性的分析，确保审计结果不仅在形式上，更在内容上符合经济实际和法律要求。

2. 职业资格证书

农村审计行政管理部门和乡（镇）人民政府应当配备与审计业务相适应的审计人员。农村审计人员实行分级培训和考核制度，并持证上岗，上岗证一般由省级农村审计行政管理部门或其授权的部门统一颁发。

（二）农村审计人员的职业道德要求

农村审计人员的职业道德要求是确保审计质量和审计效果的关键，农村审计人员应做到以下几方面。

1. 诚信守法

农村审计人员必须坚守诚实守信的原则，遵守法律法规和职业道德规范，不仅在审计工作中要公正无私，在日常生活中也应体现高标准的道德行为。这意味着他们在进行审计时不能有任何偏见或预设立场，要客观公正地反映被审计单位的财务和经济活动，不得被任何外在因素所影响。

2. 保密

在处理审计信息时，审计人员应当严格遵守保密规定，不得泄露任何可能损害被审计单位或相关当事人利益的信息。这包括审计过程中了解到的商业秘密、个人隐私，以及任何未公开的财务数据。保密的职业道德不仅有助于维护被审计单位和个人的信任，也是保障审计工作顺利

进行的基本条件。

3. 专业独立

农村审计人员在执行职责时需要保持专业独立性,不受任何外部干扰和内部压力的影响。这意味着他们在作出审计判断时,不可因私人关系、经济利益或其他任何非专业因素而有所偏颇。维护专业独立性是确保审计结论客观、公正的基础,对于增强公众对审计结果的信任至关重要。

4. 公正公平

农村审计人员在审计工作中必须保持公正公平,对待所有被审计单位都应一视同仁,不受任何外部因素,如政治、社会关系或个人偏好的影响。他们的工作应当建立在事实基础之上,避免任何形式的歧视或偏私,确保审计结论的合理性和公正性。

5. 责任感

作为监督农村财务和经济活动的重要角色,农村审计人员应当具备强烈的责任感。他们的工作直接关系公共资金的安全、合法使用,以及农村地区的经济健康发展。审计人员需要对自己的工作负责,对被审计单位负责,最终对整个社会负责,这包括在发现问题时勇于指出,并推动问题的解决。

六、农村审计程序

(一)农村审计程序的概念

审计程序是审计工作的基础性指南,它指导审计人员如何进行审计

活动。在一般意义上，审计程序可以被理解为两个层面：广义和狭义。

广义的审计程序包括整个审计过程，从接受审计项目到审计工作结束。这个过程通常被分为三个主要阶段：准备阶段、实施阶段和报告阶段。在这三个阶段中，审计人员将执行多项具体的工作内容，如审计计划的制定、审计证据的收集和审计报告的撰写等。狭义的审计程序则专注于审计证据的获取，以及完成审计计划的具体步骤和方法。这些程序包括了如何选择样本、如何检查账目、如何进行询问和观察等，是实现广义审计程序目标的具体执行过程。

农村审计程序，与一般意义的审计程序略有不同。除了上述审计基本程序外，还需要根据具体情况，考虑执行审计听证程序与行政复议程序。

（二）农村审计程序规范化的意义

农村审计程序的规范化对于确保审计活动的有效性和审计结果的可靠性具有重要意义，具体体现在以下三个方面。

1. 提高审计效率

规范化的审计程序可以明确审计活动的每一步，包括审计计划的制定、证据的收集、问题的记录和报告的编写。这有助于减少农村审计工作中的随意性和不确定性，使审计工作更加系统和有序，从而提高整体审计工作的效率。

2. 保证审计质量

通过标准化的审计程序，可以确保审计活动在不同地区和不同时间里的一致性和可比性。规范化程序有利于审计人员遵循统一的标准和方法，减少误差，增强审计发现的准确性和审计报告的可信度，提高审计质量。

3. 加强监督与问责

规范化的审计程序使审计活动变得更加透明，有助于外部监督机构和公众理解审计过程和结果，从而加强对农村财务管理的监督。同时，规范化也为审计人员和被审计单位的问责提供了明确的依据，确保审计工作的公正性和责任追溯的可能性。

（三）农村审计程序的具体阶段

农村审计程序主要包括四个阶段，如图 1-3 所示。

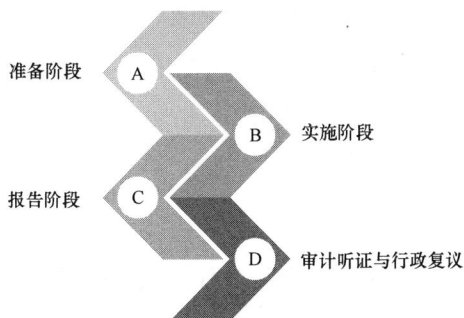

图 1-3　农村审计程序的具体阶段

1. 准备阶段

审计的准备阶段，是指审计机构从审计项目计划开始，到发出审计通知书为止的这一段时间。准备阶段是整个审计过程的起点和基础，准备阶段的工作做得是否充分细致，对整个项目审计工作都会产生很大的影响。准备阶段一般可分为审计机构的准备工作和审计组的准备工作两个方面。

（1）审计机构的准备工作。审计机构的准备工作是确保审计活动顺利进行的关键步骤，它为整个审计过程奠定了基础。准备阶段的三个核心任务为：

① 编制审计项目计划，确定审计事项。审计机构应当根据法律、法规和国家其他有关规定，按照本级人民政府和上级审计机构要求，确定年度审计工作重点，对审计对象进行预测和分类，科学地编制审计计划，并确定审计事项。审计项目计划一般是年度计划，也就是审计机构本年度对辖区内哪些部门、单位进行审计监督的统筹安排。审计事项就是指审计项目计划中确定的具体审计事项。

② 委派审计人员组成审计组。一旦审计事项确定，审计机构需要根据事项的特点和要求，选拔合适的审计人员组建审计组。组建时要考虑人员的数量和质量，确保审计组具有必要的专业知识和经验。审计组采用组长负责制，组长对审计工作全面负责，包括制定审计方案、具体实施审计检查及撰写审计报告等。组员则在组长的领导和协调下分工合作，各自负责分担的任务。审计组的组织方式和工作机制对提高审计工作的专业性和效率至关重要。

③ 签发审计通知书。审计通知书是审计活动开始的重要文书，它既是对被审计单位的正式通知，也是审计组执行审计任务的法定凭证。通知书的内容必须全面，包括被审计单位的名称、审计的依据、范围、内容、方式和时间，以及审计组成员名单和对被审计单位的合作要求。为了确保审计通知书的法律效力，它还必须附有审计文书送达回证、确保被审计单位对审计通知的接收有明确的法律记录。此外，如果需要被审计单位进行自查，审计通知书中应明确自查的内容、要求和期限。审计通知书的正确签发和送达，保证了审计活动的正式性和合法性。

（2）审计组的准备工作。在农村审计程序中，审计组的准备工作是执行阶段前的重要步骤，关系到后续审计活动的顺利进行和审计结果的质量。

审计组需要明确审计任务，学习法规，熟悉审计标准。这一步是确保审计工作符合法律法规和专业标准的前提。审计组长负责召集成员，分享审计的主要任务、目标和要求，提出自己的看法以启发团队讨论，

促进集体智慧的形成。同时，每位成员都应深入学习与审计任务相关的财经法规、审计法规和纪律，确保对审计法规标准有准确的理解和掌握。

审计组要进行初步调查，了解被审计单位的基本情况。这通常涉及搜集被审计单位平时上报的资料、走访相关部门、听取各方面的情况介绍等，以初步掌握被审计单位的经营特点和组织结构。对于重复审计的单位，还需要查阅以往的审计底稿、报告和决定，以了解单位的历史经济情况、存在的问题及处理方式。这些信息有助于审计组全面了解被审计单位的背景，为后续审计工作打下坚实的基础。

审计组要拟订审计工作方案。这个方案是审计活动的蓝图，它基于已获取的资料和对被审计单位的初步了解来确定。方案中应详细列明审计的目标、方式、范围、重点、步骤和方法，以及时间安排和人员分工。一个周全的审计方案不仅能指导审计组高效开展工作，还是审计机构检查和控制审计质量及进度的依据。因此，审计工作方案的制定是审计成功与否的关键。

2. 实施阶段

审计实施阶段是审计组进驻被审计单位，就地审查会计凭证、会计账簿、财务会计报告，查阅与审计事项有关的文件、资料，检查现金、实物、有价证券并向有关单位和人员调查，以取得证明材料的过程。审计实施阶段是将审计工作方案付诸实施、化为实际行动的阶段，是审计全过程的主要阶段。实施阶段主要应做好以下几项工作。

（1）深入调查研究，调整审计方案。进入现场后，审计组需要根据实际情况深入开展调查研究。这可能包括对被审计单位的财务记录、内部控制流程的检查，以及与管理层和关键员工的交流。这一过程中，可能会发现新的信息或问题，这就需要审计组根据新的发现灵活调整原定的审计方案。调整的目的是确保审计方案能够更加精准地反映被审计单位的实际情况，以便发现可能的风险点和问题领域。

（2）进行符合性测试。符合性测试是为了评估被审计单位的内部控制系统是否设计得当，并且是否正在有效运行。通过检查系统的规章制度是否得到遵守，流程是否符合设计标准，以及是否存在潜在的违规行为，审计组可以判断内部控制的可靠性。符合性测试的结果对于决定后续审计工作的范围和深度具有重要指导意义。

（3）实施实质性测试。实质性测试关注的是账目记录背后的实际交易和经济事件是否真实、准确。审计组会通过检查样本交易、计算分析和其他审计程序，来验证财务报表中的金额和其他数据的正确性。实质性测试帮助审计组揭示可能的误报、遗漏或不规则行为，确保财务信息的真实性和完整性。

（4）编制审计工作底稿。对审计中发现的问题，应作出详细、准确的记录，并注明资料来源。在审计过程中，审计人员必须有详细的工作记录，以便反映出审计工作的全部过程。这些记录，有些可以直接作为正式的审计工作底稿，有些则要重新编写。审计工作底稿是审计证明材料的汇集，是撰写审计报告的基础，是检查审计工作质量的依据，也是行使复议乃至再度审计时需要审阅的重要资料。

3. 报告阶段

审计的报告阶段，也叫审计的终结阶段，是审计工作的总结阶段。这一阶段的工作主要是编制审计报告，作出审计决定，其主要步骤如下。

（1）整理和分析审计工作底稿。这是报告阶段的第一步，关键在于确保审计结果的准确性和可靠性。审计组长必须对底稿进行细致的检查和复核，认真审查所收集的审计证据，以鉴定证明材料的客观性、相关性和合法性。这一过程还包括确认是否已经收集到足够的证据来支持审计发现。如果发现证据不足，需要及时采取补救措施。这确保了审计报告的基础是全面和充分的，为审计意见提供了坚实的依据。

（2）编写审计报告。在收集了充分证据后，审计组需要编写审计报

告。报告的编写应征询被审计单位的意见，并允许被审计单位在规定时间内提出书面反馈。审计组长签署的报告，连同被审计单位的书面意见一并提交审计机构。这个过程确保了审计报告的透明性和互动性，让被审计单位有机会表达自己的观点。

（3）审计机构审议、出具审计报告。最后，审计机构将组建审计报告审议委员会来审议报告。经过审议，审计机构将正式出具审计报告。如果在审计中发现了违反国家规定的财务行为，审计机构将在其法定职权范围内作出审计决定，并出具审计决定书。对于需要由主管机关依法处理的事项，审计机构也会在其职权范围内作出决定，并出具审计移送处理书。审计报告和决定书将被送达被审计单位和有关单位，这标志着审计工作的正式结束，并启动了后续的监督和执行过程。

4. 审计听证与行政复议

（1）审计听证。审计听证是农村审计程序中一个关键的环节，主要作用是确保审计过程的透明性和被审计单位的合法权益。在审计活动中，如果被审计单位对审计结果有异议或者审计发现涉及重大违规行为时，可以申请听证。

审计听证过程中，审计机构将组织一个听证会，该听证会为被审计单位提供了一个正式的平台，可以在此面对面地向审计人员、有关方面或者第三方专家阐述和论证自己的立场、意见，以及提供证据。同样，审计机构也有机会说明和证明其审计决定的合理性。听证过程中可能涉及审计证据的再次审核、审计程序的合法性审查等。

听证会通常由审计机构中的非直接参与该次审计任务的官员主持，以确保公正性。通过听证，双方可以更深入地交换观点，被审计单位有机会挑战审计过程中可能存在的误解或错误。听证结果可能会确认、修正或推翻原审计结果，有助于提高审计结果的公正性和准确性。此外，听证也是解决审计争议、防止行政诉讼的重要手段，有助于减少不必要

的法律纠纷，保障行政行为的合法性。

（2）行政复议。行政复议是一种法律程序，被审计单位如果对农村审计机构作出的具体行政行为（如审计决定书）不服，可以依法向上一级审计机构或有关行政机关申请复议。行政复议的目的是通过一个更高级别或者专门的行政机构对具体行政行为进行重新的审查，以确保行政决策的合法性、正当性。

在农村审计中，行政复议是审计纠纷解决机制的重要组成部分。当被审计单位认为审计决定侵犯了自身合法权益时，可以在接到审计决定书的一定期限内，向具有行政复议职能的机构提出申请。行政复议机关将对审计机构的审计决定进行全面复核，包括对审计程序的合规性、审计结果的正确性和审计决定的合理性进行独立的评估。

行政复议过程中，复议机构会要求审计机构提供相关审计文件和证据，并听取申请人（被审计单位）的陈述和辩护。复议机构可以维持原决定、要求更正、撤销或者变更原审计决定。行政复议的决定具有一定的法律效力，如果被审计单位对复议决定仍不服，它还可以向法院提起行政诉讼。整个行政复议过程为农村审计中的行政行为提供了进一步的监督和制约，是实现行政监督法治化的重要途径。

第三节　乡村治理中审计的作用

城乡发展不均衡不充分、农村发展不足是新时期我国社会经济发展面临的突出矛盾。积极探索审计监督与乡村治理相结合的有效途径，推动乡村治理改革，是当前我国优化乡村治理的重要内容。因此，从审计监督维度审视我国乡村建设与发展，对于乡村治理审计功能的发挥具有重要借鉴与启发意义，也顺应了新时期国家乡村治理体系完善和治理能力提升的现实需要。乡村治理中审计的作用主要体现在以下几方面，如

图 1-4 所示。

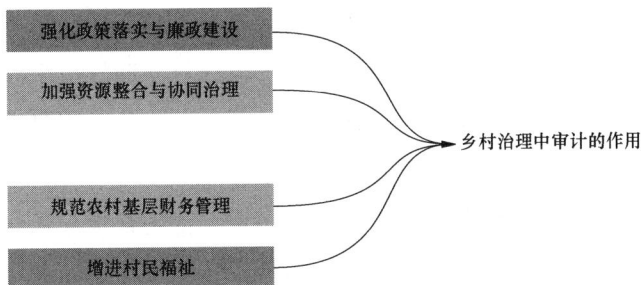

图 1-4 乡村治理中审计的作用

一、强化政策落实与廉政建设

（一）保障政策执行

在乡村治理的背景下，审计作为确保政策执行的一项核心机制，发挥着至关重要的作用。审计的职能可以深入每一个政策实施的细节，以保障政策目标的顺利实现和乡村治理的持续改进。

审计通过对政策宣传的监督，确保政策的正确理解和广泛传播。这一点至关重要，因为即便是最好的政策，如果不能被农民准确理解和接受，其效果也会大打折扣。审计机关可以检查政策宣传材料的准确性、宣传活动的覆盖面及其实施情况，确保农民能够获得必要的信息并充分认识到政策带来的好处。

在政策执行过程中，审计通过监督检查确保执行的规范性和有效性。审计机关对项目的实施进度、资金使用和管理情况进行严格审查，通过揭示问题和提出改进建议，促进政策执行的及时性和透明度。这样的审计不仅帮助防范和纠正失误，还可以通过监督促使执行者提高工作效率和责任心。

审计还涉及对成效反馈的监控，这包括对政策成效的评估和对反馈

信息的分析。有效的政策执行应该能达到预定目标，并带来可衡量的成果。审计机关通过评估政策带来的具体改变，如农民收入增加、生产效率提高、农业结构优化等，提供客观的政策评价。此外，审计结果的公开发布也能够促进利益相关者之间的信息共享，为政策调整和决策提供依据。

更重要的是，审计在确保政府资金和资源得到合理分配和有效使用方面起到了监督保障作用。在乡村治理中，资金和资源的使用效率直接关系到政策目标的实现程度和乡村发展的质量。审计通过发现和预防资金管理中的不规范行为，确保每一笔资金都能用于其指定目的，避免浪费和滥用，确保政策投入转化为实际的经济和社会效益。

（二）预防和打击腐败

在乡村治理的背景下，预防和打击腐败是审计工作的一个重要方面。通过定期和不定期的审计活动，审计机关在农村财务管理和资源分配中扮演着守门人的角色，减少腐败现象，保护乡村治理的公正性和有效性。

审计机关通过细致的财务审查，可以揭露不规范的财务行为，及时纠正违规操作。比如，通过检查乡村财务记录、合同执行和资金流向，审计人员可以发现是否有资金被挪用或滥用。这种财务审计不仅限于书面记录，还包括对项目实施现场的检查，以确保资金真正用于既定的目标和项目上。这样的审计能够有效预防因管理不善或故意滥用而导致的财务失误。

不定期的审计则增加了不可预测性，有效震慑了可能的腐败行为。不定期审计的突发性意味着管理人员和相关利益方必须时刻保持警惕，因为他们无法预测审计的到来。这种策略有助于建立一个长期的遵规氛围，减少机会主义行为的空间。

审计结果的公示是加强乡村治理透明度的关键一环。公开审计结果使得公众能够直接了解乡村资金和资源的使用情况，这种信息的公开有

助于建立公众信任，为乡村治理的透明度和公正性提供了直观的证据。同时，公众的监督也是反腐倡廉的一种形式，因为它提高了不当行为被发现和曝光的概率。

此外，审计机关通常会提供改进建议和监督执行，这些建议可以帮助乡村管理者优化财务管理流程，增强内部控制，从而减少未来腐败行为的机会。审计的后续跟踪也确保了这些改进措施得到执行，而不是仅仅停留在纸面上。

二、加强资源整合与协同治理

（一）审计在资源整合中的作用

在乡村治理中，资源整合是提升治理效能的关键环节，而审计在这一过程中起着至关重要的作用。通过对财政资金、自然资源、人力资源等多元资源的使用效率和效果进行评估，审计确保了这些资源被合理配置和有效利用，从而支持乡村发展的各个方面。

第一，审计在资源整合中的作用体现在对财政资金使用的监控上。财政资金作为乡村发展的重要推动力量，其使用的合理性直接影响乡村治理的成效。审计通过检查和分析项目预算、资金流向和使用效果，确保资金按照既定的计划和目标进行分配和使用。例如，审计可以揭示某个农村基础设施项目资金是否被挪用或浪费，是否存在过度开支或不透明的采购行为，从而帮助相关管理部门纠正问题，提高资金使用的透明度和效率。

第二，审计在促进自然资源保护和合理开发方面也扮演着关键角色。乡村地区通常拥有丰富的自然资源，审计机关通过评估资源开发的可持续性和环境影响，帮助确保这些资源得到保护，同时促进其在促进经济发展中的合理利用。审计可以对比环境保护政策与实际执行情况，确保

环境资源不被过度开发，保障乡村生态环境的长期健康。

第三，在人力资源的配置上，审计同样发挥着不可或缺的作用。通过审计人力资源的配置和使用，可以确保乡村振兴战略中的人才引进和培养政策得到有效实施。审计能够评估人力资源分配是否符合区域经济社会发展的需要，是否有助于提升地方治理水平和服务质量，从而指导乡村人才政策的优化。

第四，审计的反馈机制为资源整合提供了重要的决策支持。审计结果的反馈不仅为当下的资源配置提供调整建议，还为未来的规划提供了宝贵的参考信息。这样的循环反馈确保资源整合能够不断优化，同时增强了乡村治理的适应性和灵活性。

（二）审计在协同治理中的作用

协同治理模式强调不同治理主体之间的协作与沟通，旨在整合各方力量，共同实现治理目标。审计在协同治理中的作用尤为突出，它通过发现和处理信息不对称问题，促进政府、企业、社会组织，以及农民等多个治理主体间的有效沟通和合作。

审计通过发现信息不对称问题，促进了信息的透明化和共享。信息不对称是影响协同治理效果的主要障碍之一。审计机关通过检查和比对不同治理主体提供的数据和信息，揭露隐藏的信息，减少了由信息不对称带来的误解和冲突，增强了治理主体之间的互信。这种信任是协同治理的基础，有助于形成有效的沟通机制，推动治理主体之间的协调和合作。

审计结果的公开进一步促进了治理主体间的互信和合作。通过将审计结果公之于众，不仅增加了政策执行的透明度，还使各利益相关者能够基于相同的信息基础进行交流和讨论。这样的公开性确保了政策制定和执行过程中的公正性，鼓励了公众参与和监督，形成了监督和反馈的良性循环。

此外，审计在发现和指出政策实施过程中的问题时，能够促进相关部门和组织之间的协调与改进。例如，审计可能发现某些政策在实施过程中由于部门间沟通不畅导致的资源配置不均或者效率低下。审计机关不仅指出这些问题，还可能提供解决方案或改进建议，促使各部门采取措施，优化流程，提升政策执行的效率和效果。

审计还能够通过对政策执行过程的持续监督，确保协同治理的持续性和稳定性。协同治理并非一次性事件，而是一个需要长期维护和不断改进的过程。审计机关的持续监督确保了政策实施的连续性，帮助各治理主体持续聚焦于共同的治理目标，同时通过不断的评估和反馈，推动治理主体之间的长期合作和协作。

三、规范农村基层财务管理

审计工作在财务管理中发挥着重要作用。村级财务管理关系到农民切身利益、农村发展和社会稳定。为确保各方利益，推动乡村发展，通过审计监督规范农村基层财务管理是关键，而这也是加强农村党风廉政建设的核心内容。现阶段，农村基层财务管理中依然面临诸多问题，如资产管理效率低、财务管理不规范等，导致财务数据信息错漏、财务规范制度应用不合理等情况时有发生。审计工作的介入，能够确保这些活动的规范性和透明性，避免财务管理中的不规范行为，促进农村基层经济管理工作的有序开展，进而为提升乡村总体治理水平提供动力。

农村审计通过建立一套完善的财务审计制度，为农村基层财务管理提供了标准和依据。这套制度包括了财务记录的准确性、合规性，以及财务报告的完整性等方面。审计人员通过对账目的仔细检查，确保所有财务活动都有据可依、有法可循，大大提升了财务管理的规范性。

农村审计对基层财务活动的监督和评估，有助于揭露和纠正潜在的财务问题。例如，通过审计可以发现预算超支、资金挪用和财务报告不

实等问题，及时对这些问题进行干预和指正，防止小问题蔓延成大问题，从而维护了村级财务活动的健康运行。

农村审计可以提高财务人员的业务能力和职业道德。当财务人员意识到自己的工作会受到审计检查时，他们在工作中会更加谨慎，提高工作效率和准确性。这种职业压力和责任感促使他们在日常工作中不断提升自己的专业知识和技能，为村民服务的专业度也随之提高。

除此之外，农村审计通过评估和推广最佳实践，为基层财务管理提供指导。审计人员在审计过程中不仅发现问题，还会提出建设性的意见和建议，帮助村级组织优化财务管理流程，提升管理效率。这种从实际出发的建议，对基层组织特别是财务人员来说，是提高工作质量的重要参考。

农村审计还为基层财务管理提供了一种制度性的反馈机制。审计结果的反馈可以帮助基层组织了解自身的财务管理水平，从而有针对性地进行改进。这种反馈机制不仅限于指出问题，更重要的是提供了解决问题的途径和方法，帮助基层组织建立起更加科学和合理的财务管理制度。

农村审计也是推动基层财务透明化的重要手段。审计的过程和结果往往需要向社会公众公开，这种公开不仅提高了基层财务管理的透明度，也让村民能够直观地了解村级组织的经济状况，从而提升村民对村级财务管理的信心和满意度。

农村审计对于防止和减少经济损失也具有重要作用。通过定期的审计，可以及时发现和阻止不必要的开支和浪费，确保每一笔资金都能用于正确的地方，提高资金使用的效率和效益。

四、增进村民福祉

农村审计在增进村民福祉方面发挥着至关重要的作用。它不仅仅是一种财务监督手段，更是一个全面评估和改进乡村治理、推动社会公正

和促进村民共同利益的有效工具。

（一）资源分配的公正性

审计通过对农村财政收支、项目资金和资源使用的监督和检查，保证了资源按照既定的计划和政策公平分配。这样可以确保那些旨在提高村民生活质量的项目得到适当的资金支持，例如，教育、医疗和基础设施建设。当审计揭露出资源分配的不公时，相关部门可以及时调整和纠正，确保资源真正惠及需要的村民。

（二）提升项目和政策的实施效果

审计能够评估农村各项政策和项目的执行效果，监控是否有资源浪费、滥用或者效率低下的问题。通过审计反馈，政府和管理机构可以调整政策方向或改进项目管理，以提高其效率和效果，进而增进村民福祉。比如，审计可能发现某个旨在提升农业产出的项目由于管理不善而未能达到预期效果，相关部门随后可以采取措施优化项目实施。

（三）促进治理透明度和增强村民参与

农村审计的结果通常会公开，这提高了农村治理的透明度，村民能够更清楚地了解乡村资金的使用情况和项目的进展。这样的透明度可以增强村民对乡村治理的信任，同时也鼓励村民参与到监督和管理中来。当村民参与到决策过程中，他们可以更好地维护自己的利益，也更有可能推动那些直接增进他们福祉的政策和项目的实施。

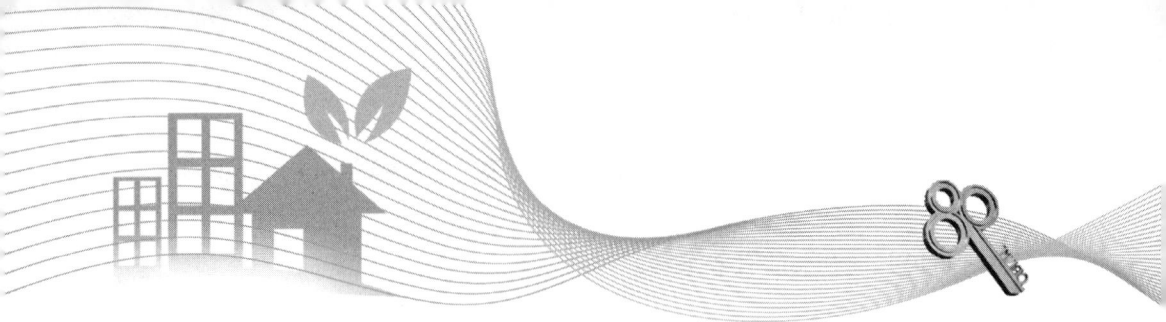

第二章　乡镇领导干部经济责任审计创新

　　乡村治理的核心在于公正和效率，而经济责任审计则是确保这一目标实现的关键工具。本章将探讨经济责任审计在乡镇领导干部管理体系中的创新实践。

第一节　乡镇领导干部经济责任审计概述

一、经济责任审计认知

（一）经济责任与经济责任审计的概念

1. 经济责任

　　经济责任是指在经济活动中各主体之间应承担的责任和义务，它是保证社会经济良性运行的重要基础。经济责任的核心在于权利与义务的匹配，以及对于经济行为的后果承担相应的责任。

　　在现代社会经济体系中，经济责任主要涵盖以下几个方面。一是企

业对国家的经济责任，这包括遵守国家的经济法律法规、正确和完整地缴纳税费，以及合法合规地进行经营活动。企业作为社会经济结构中的重要单元，它们的经济活动直接关系到国家的财政收入和经济秩序。二是国家对企业的经济责任。国家需要为企业提供一个稳定的经济环境，制定合理的政策以促进企业发展，同时通过宏观调控防止市场失灵。国家还需要提供必要的公共服务和基础设施，以支持企业的正常运营。三是企业对劳动者个人的经济责任。企业在与员工的关系中，应保障员工的合法权益，如按时支付工资、提供社会保障等。同时，企业还需为员工提供安全的工作环境，促进员工的职业发展。四是企业与企业之间的经济责任。在企业间的交易中，应遵守契约精神，保证交易的公正、诚信，遵循市场规则，不进行不正当竞争。

经济责任关系存在于整个社会经济活动中，只要经济活动没有结束、责任关系主体地位没有变更，相应的经济责任关系就不会消失。经济责任关系是社会经济系统运行的重要基础。经济责任关系的存在，以及经济责任形式随经济时代变化而不断发展，要求经济责任关系的协调机制必须适应外部经济环境的变化。经济责任关系协调机制是一个复杂的社会系统，内容包罗万象，而经济监督机制是经济责任协调机制的重要内容。

2. 经济责任审计

经济责任审计是在我国特定历史条件下产生并不断发展起来的经济监督形式。经济责任审计，是特指审计机关或其他审计组织，接受政府或有关部门的委托，依据国家法律法规和有关政策，审计领导干部任职期间所在部门、单位财政收支、财务收支真实性、合法性和效益性，以及领导干部本人对有关经济活动应当负有的责任，包括主管责任和直接责任，借以评价领导干部履行经济职责情况的较高层次的经济监督活动。

关于经济责任审计的概念，需要进一步说明。

（1）经济责任审计的主体。经济责任审计的主体涵盖了国家审计机关、民间（社会）审计组织、内部审计机构及审计人员。这些主体有各自的职能与责任，国家审计机关通常是依法授权及委托来执行审计任务。民间审计组织和内部审计机构则可能是在国家审计机关或被审计单位的最高管理当局的委托或指派下开展审计工作。

（2）经济责任审计的客体。客体主要指被审计的领导人员及其在任职期间所负责的部门或单位的财政收支或财务收支活动，以及这些经济活动所反映出的经济责任。在我国，涉及的领导人员主要是县级及县级以上的政府官员、事业单位的负责人，以及企业的法定代表人。

（3）经济责任审计的目标。审计的主要目标在于查明领导人员在任期间负责的经济活动的真实性、合法性和效益性，并评估该领导人员对经济活动所应负的经济责任，包括主管责任和直接责任。这样的审计结果对于领导人员的评价、管理和选拔具有重要意义。

（4）经济责任审计的职能。经济责任审计不仅是一种经济监督手段，还包含鉴证和评价的功能。它保持审计活动的本质特征和基本职能，即通过独立的、客观的审计活动，确保被审计单位在财政和财务管理上的透明度和责任性。

（二）经济责任审计的分类

为了加深对经济责任审计概念的理解，有必要对经济责任审计进行分类，以便从不同的方面来认识经济责任审计。

1. 按被审计对象所在单位分类

按照被审计对象所在单位进行分类，可将经济责任审计分为地方党政领导干部经济责任审计、党政机关（行政机关）经济责任审计、事业单位经济责任审计和企业经济责任审计。这种分类是经济责任审计的基本分类。

（1）地方党政领导干部经济责任审计。地方党政领导干部经济责任审计是指对地方党政领导干部，如省（直辖市、自治区）、市（州、地区、盟）、县（市、旗、区）、乡（镇）的党委、人民政府正职领导干部及主管财经的副职领导干部的经济责任审计。地方党政领导干部经济责任审计的主要特点是：① 经济责任履行情况对当地经济发展和建设具有直接和重要影响；② 经济责任履行情况对本级财政预算、预算执行、决算及其他资金的使用和管理具有重要的、直接影响；③ 经济责任履行情况对当地重要经济政策、重要经济项目的决策具有直接重要的影响；④ 他们的经济责任具有宏观性、综合性；⑤ 他们本人的廉洁自律情况对当地党风及社会风气具有重要的示范作用。

（2）党政机关（行政机关）经济责任审计。党政机关（行政机关）经济责任审计针对的是党的机关、人民代表大会机关、政府机关、政协机关、司法机关、检察机关的领导干部及具有行政管理职能的单位领导。这类审计关注的是这些机构领导人在经济责任上的表现，尤其是如何使用和管理国家财政拨款。这些机关和单位的领导职位重要，他们的决策和行为对当地经济和社会发展有着深远的影响。因此，经济责任审计在确保这些领导干部正确履行职责，促进经济发展和精神文明建设方面发挥着关键作用。尤其是行政机关，由于其直接涉及的财政收支规模和经济责任的重要性，其经济责任审计工作具有标志性意义，对提升公共资金使用效率、预防和遏制腐败行为具有不可或缺的作用。

（3）事业单位经济责任审计。事业单位经济责任审计聚焦于教育、科研、文化、卫生等非营利性质的事业单位领导干部的财经行为和经济责任的审查。事业单位领导的经济责任审计尤其重要，因为这些单位大多依赖于政府拨款，同时也可能从事一定的经营活动，财务管理和资源配置的规范性直接影响到单位的正常运行和服务质量。审计通过确保财政资金和其他资产的合理、有效使用，推动这些单位在执行国家教育、科研、文化卫生政策中更加公正、透明，提升了公共服务效能。此类审

计有助于揭示和纠正资源配置不当、管理不善和财务违规等问题，确保事业单位能够依法、廉洁、高效地执行其功能，最终提高单位服务公众的能力，符合社会发展和人民福祉的需要。

（4）企业经济责任审计。企业经济责任审计主要针对国有企业或国有资本控股的混合所有制企业中领导人员的经济责任。这种审计的目的是确保领导人员能够根据法律法规和企业规章制度，正确履行经济管理职责，合理使用和有效管理企业资产，推动企业健康可持续发展。在企业经济责任审计中，审计人员会对企业财务收支情况、资产使用效率、投资决策的合理性，以及是否存在违规经营和损害国有资产的行为等进行细致审查。通过这种审计活动，可以促进企业内部控制制度的完善，提高企业管理人员的责任意识，防范和减少企业经营过程中的风险，保护国家资产安全，最终促进经济效益和社会效益的双赢。

2. 按照审计工作开始时被审计人员的任职情况分类

按照审计工作开始时被审计人员的任职情况分类，可将经济责任审计分为任期前经济责任审计、任期内经济责任审计和离任经济责任审计。

（1）任期前经济责任审计。任期前经济责任审计主要是对即将上任或新任职务的党政领导干部进行的审计。这种审计的目的在于确保领导干部在担任新职务前，其过往任职中的经济活动是清晰、合规的，没有未决的经济问题。通过对其以前任职期间的财政收支、资产管理、经济决策等进行审计，可以有效预防和发现任职期间可能出现的经济问题。任期前经济责任审计有助于新任领导干部更好地理解和掌握本职工作，为其清正廉洁、依法行政奠定基础。这也是一种促进公职人员财经纪律严明，增强其遵守经济法规和政策的自觉性的有效手段，是推动建立健全领导干部经济责任制的重要环节。

（2）任期内经济责任审计。任期内经济责任审计是指对在职党政领

导干部在任职期间的经济行为和经济责任履行情况进行的审计。这类审计着重检查领导干部是否遵守财经纪律，合法合规使用公共资金，是否有效率地完成经济任务，以及是否保护了国家和人民的财产安全。任期内审计有利于及时发现和纠正违法违规行为，强化领导干部的责任意识。它也是对领导干部经济行为的一种监督，可以提高公共资源的使用效率，促进经济责任的明确化，加强内部控制机制。此外，任期内经济责任审计为领导干部提供了反馈，帮助他们在任职期间改进工作，促进了政府的透明度和公信力。

（3）离任经济责任审计。离任经济责任审计是指在领导人员任期已满，或任期内办理调动、免职、辞职等手续而即将离开现任岗位前，对该领导人员在整个任职期间内所在部门或单位财务财政收支或财务收支的真实性、合法性和效益性，以及经济责任的履行情况和经济责任计划的完成情况进行全面的审计，以评价和鉴证其工作业绩的审计。在离任经济责任审计中，主要审计计划有两个：一是对领导人员在任期内经济责任的履行情况、经济责任计划的完成情况和工作业绩进行全面审查和鉴证，作出全面、客观、公正的审计评价结论；二是全面审查该任领导人员在离任时资产、负债等的真实状况，对资产效益进行评估，既明确划分该任领导人员和后任领导人员的经济责任，又为确定后任领导人员的任期经济责任目标奠定可靠基础。

3. 按照审计主体分类

按照审计主体不同，可将经济责任审计分为国家经济责任审计、民间经济责任审计和内部经济责任审计。

（1）国家经济责任审计。国家经济责任审计是由国家审计机关及其审计人员执行的，聚焦于公共部门领导者的经济行为和责任。这种审计的主要目的是监督和评估国有资产的管理和使用，确保国家财政的合法合规运作，以及促进经济责任的透明度。通过对国有企业、政府部门和

其他公共机构进行审计，国家经济责任审计作为一种权威的监督机制，有助于发现和预防腐败行为，确保公共资源得到合理、高效和廉洁的管理。

（2）民间经济责任审计。民间经济责任审计由民间或社会审计组织和注册会计师实施，补充了国家审计的功能。这种审计通常涉及企业、非政府组织和其他非国家主体，关注经济活动的合规性和透明度。民间经济责任审计为社会提供了对公共领域以外的经济责任的监督，对于促进商业道德、增强财务透明度，以及提升公共信任具有重要作用。

（3）内部经济责任审计。内部经济责任审计是指由各个部门或单位内部的审计机构和人员对本部门或单位的领导层进行的经济责任审计。其目的是确保内部资源的有效管理，防止滥用职权和内部腐败。内部审计通过评估和改善内部控制系统，监督财务活动和运营效率，以提升组织内部管理水平，确保财务和运营活动的合规性和效率。

（三）经济责任审计的理论依据

经济责任审计是会计审计的一种类型，它主要关注政府和企业领导者在经济管理和资源配置中的责任和绩效。下面从四个角度来论述经济责任审计的理论依据。

1. 管理责任理论

管理责任理论的核心观点是，任何一个组织的领导者或管理层，都必须对其掌管的资源和权力承担起相应的管理责任。这种责任不仅涉及资金的使用效率，还包括资源的配置合理性、运作的透明度，以及对于各项决策后果的担当。

管理责任理论的核心可以分解为以下几个要点。

（1）资源的有效使用。领导者必须确保组织的资源得到最有效的使用。这不仅仅是指财务资源，还包括人力、物力，以及信息资源等。有

效使用意味着以最少的资源投入取得最大的经济效益。

（2）资源的合理配置。领导者在决策时，需要考虑资源分配的合理性。合理配置资源可以提升组织的整体运作效率，避免资源的浪费和错配。

（3）决策的透明度。管理责任还要求领导者在作出重要决策时，保持高度的透明度。这意味着决策的过程、依据和结果应当对内部和外部的利益相关者公开，以接受监督。

（4）结果的问责制。领导者不仅要对过程负责，还要对结果负责。无论结果是成功还是失败，领导者都需要承担相应的责任，并就其决策和行为向利益相关者解释和负责。

管理责任理论为经济责任审计提供了一套评价标准和方法论，其目的是确保领导者能够在经济管理上行为规范，作出明智决策，以及对其行为和决策的后果承担责任。这不仅促进了组织内部的良性运作，同时也保护了外部利益相关者的权益，提升了组织的整体信誉和社会责任感。

2. 代理理论

代理理论在经济学和管理学中，探讨的是委托人（如股东）与代理人（如公司管理者）之间的关系。这种理论的基本出发点是，股东作为公司的所有者，将日常经营管理的权力委托给管理者。理论上，管理者应当代表股东的利益来运营公司，但在实际操作中，因为信息不对称和利益冲突等，可能会出现管理者行为偏离股东利益的情况。

信息不对称是指在这种代理关系中，管理者通常比股东拥有更多关于公司运营和市场状况的信息。由于股东无法完全监督管理者的每一项行动，管理者可能会利用这种信息优势做出更有利于自己的决策，而非最大化股东的利益。

利益冲突则是当管理者的个人目标与股东的目标不一致时产生的。

举例来说，一个管理者可能更倾向于追求公司规模的扩张或其他个人声望相关的目标，即使这样做并不会增加股东的财富或者公司的市值。这种偏离可能导致公司资源被分配到并不提高公司价值的项目上。

代理理论是经济责任审计理论的基础之一，因为它提供了一种框架，用于审计人员评估管理者是否履行了其作为代理人的职责。经济责任审计的目的在于保护委托人的利益，确保代理人的决策和行为符合委托人的目标和利益。通过审计，可以揭露管理者是否存在代理问题，例如，通过高风险投资、过度消费或欺诈行为来追求个人利益。

经济责任审计利用代理理论来检查和评估管理者的行为主要体现在以下几方面。（1）监督机制。审计评估公司是否有有效的监督机制，如独立的董事会和透明的报告系统，以减少管理者可能利用的信息不对称。（2）绩效评价。审计通过评估管理者的绩效与股东利益的一致性，来确定他们是否遵守了代理关系中的义务。（3）内部控制。审计检查内部控制系统是否足以防止或检测管理者的不当行为。（4）风险管理。审计确定管理者是否采取了适当的风险管理策略，以保护公司免受不必要的风险。

通过以上方法，经济责任审计揭示管理者的行为是否与委托人的利益一致，帮助股东和公众对管理者的经济活动进行监督和评价。这样的审计不仅增强了组织内部的问责机制，还通过确保管理者的责任和透明度，提高了外界对组织的信心。因此，代理理论为经济责任审计提供了理论依据，使其成为维护经济秩序和公平的重要工具。

3. 风险管理理论

风险管理理论是经济责任审计的一个重要理论基础，它关注于如何系统地识别、评估、监控和控制可能对组织财务状况产生负面影响的风险。这个理论认为，通过有效的风险管理，组织不仅可以防止潜在的损失，还可以抓住风险背后的机遇。

　　风险管理理论的主要内容如下。（1）风险识别。组织需要识别其面临的内外部风险，这包括市场风险、信用风险、操作风险等。（2）风险评估。对已识别的风险进行评估，确定它们可能对组织造成的影响程度和发生的概率。（3）风险控制。实施策略来减少风险的负面影响，或者完全避免某些风险。（4）风险监控。定期监控风险状况和管理措施的有效性，并根据外部环境或内部条件的变化进行调整。（5）风险传递。通过保险或其他金融工具将风险转移给第三方。（6）风险承接。在某些情况下，组织可能会决定承担特定的风险，因为它们带来了相应的回报机会。

　　这个理论是经济责任审计的理论依据，因为审计师在评估组织的风险管理策略和程序时，可以确定管理层是否履行了他们的责任，即保护组织和股东免受不必要的经济损失。审计过程中，审计人员会检查以下几个方面。（1）风险管理政策的制定与执行。审计人员评估组织是否有明确的风险管理政策，并且这些政策是否得到了有效执行。（2）风险管理框架的完整性。审计人员检查组织的风险管理框架是否全面，是否涵盖了所有相关的风险类型，并且是否有适当的控制措施。（3）风险管理过程的适当性。审计人员评估组织识别、评估、控制和监控风险的过程是否合适，是否能够有效地管理和降低风险。（4）风险信息的沟通。审计人员检查风险信息是否在组织内部及时和准确地沟通，包括向高级管理层和董事会的报告。（5）风险应对策略的效果。审计师评价组织应对风险的策略是否有效，例如，通过检查过去风险事件的处理结果和当前风险控制措施的效能。

　　通过这些评估，经济责任审计能够揭示管理层在风险管理方面的不足，推动组织建立更强大的风险管理体系，从而保护组织的资产和股东权益。风险管理理论提供了审计工作的科学方法和评估标准，使审计不仅仅是一个财务检查的过程，而是一个全面评价组织风险管理能力的过程。因此，风险管理理论对于经济责任审计的实施至关重要。

4. 现代管理激励与约束理论

现代管理激励与约束理论关注如何通过激励机制和约束措施来引导管理者的行为，以确保他们的决策和行为符合组织的长期目标和利益。该理论基于经济学的契约理论和行为经济学，强调激励和约束在管理实践中的重要性。

现代管理激励与约束理论的主要观点如下。（1）激励机制。理论认为组织应当设计有效的激励机制，如薪酬、奖金、股票期权等，以激发管理者的积极性和创造性，促使他们朝着组织的目标努力。（2）约束措施。组织应设立必要的约束措施，如监督、审计、法规遵守等，以防止管理者的行为偏离组织的利益，尤其是防止滥用职权和资源。（3）绩效评估。绩效评估体系是激励与约束的关键组成部分，通过定期评估管理者的工作绩效，为激励提供依据，同时也是约束的一种形式。（4）文化和道德约束。除了物质激励和形式化的约束措施，组织文化和职业道德也是重要的内在约束机制。

现代管理激励与约束理论对经济责任审计具有指导意义，因为审计本身就是一种重要的内部控制和约束机制。审计能够确保激励机制按照设计的目的运行，同时防止管理者利用职权进行不当行为。具体体现如下。（1）监督激励政策的实施。经济责任审计通过检查激励政策的实施情况，确保这些政策能够正确地指导管理者行为。（2）评价激励效果。审计人员评估激励机制的有效性，包括是否激发了管理者的积极性，以及激励措施是否推动了组织目标的实现。（3）揭露管理缺陷。审计可以揭露激励与约束机制中的设计和实施缺陷，为组织改进管理制度提供依据。（4）防范风险。经济责任审计的过程中，审计人员会评估管理者是否可能因为激励机制的缺陷而产生不当行为，进而提出改进建议。（5）强化道德约束。审计也有助于加强管理者的职业道德，通过展示组织对其行为的监督和审查，强化其遵守道德规范和组织规章的意识。

（四）经济责任审计的特点

经济责任审计作为一种独立的审计，它除了具有常规审计的独立性、权威性、客观性、强制性和综合性等特点外，还具有自身的特点，如图 2-1 所示。

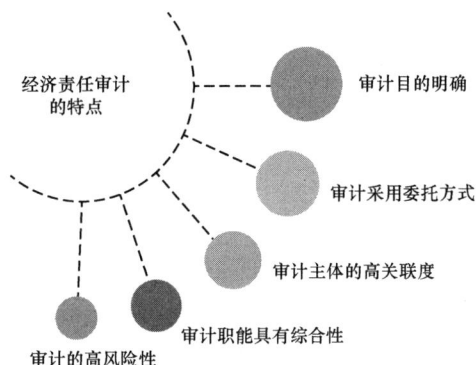

图 2-1　经济责任审计的特点

1. 审计目的明确

经济责任审计的目的不同于常规审计。常规审计的主要目的是维护财经法纪、改善经营管理、提高经济效益，其出发点是被审计单位和国家的经济秩序。而经济责任审计不以证实被审计单位经济活动的真实性、合法性为目的。它的着眼点是评价被审计客体是否履行了经济责任，主要目的则是分清经济责任人任职期间在本部门、本单位经济活动中应当负有的责任，要求对审计查出的问题要分清责任，并作出评价；通过审查经济责任的确定，控制经济责任的履行，评价经济责任的效果来实现审计目的。经济责任审计的结果是干部监督管理部门选拔、任用、奖惩干部的重要参考依据，在干部监督管理工作中发挥着重要作用，这是经济责任审计有别于其他审计工作的重要特征之一。

2. 审计采用委托方式

经济责任审计的实施通常是基于委托关系进行的，这意味着审计不是由审计机关自行安排，而是由具有行政管理权力的组织，如人事或组织部门发起的。这种做法确保了审计活动的目标、范围和评价标准都是明确的，并且与委托方的要求紧密相关。审计机关在完成委托方下达的任务时，必须保持独立性和客观性，以确保审计结果的公正性。这种委托关系也反映了经济责任审计的特定目的，即评价被审计领导人员在经济管理职责上的履行情况。

3. 审计主体的高关联度

经济责任审计是一项以审计部门为主，多个政府部门参与的综合性审计工作。经济责任审计涉及的部门比较多，不仅仅是国家审计机关的审计任务，需要由审计部门与纪检监察、组织、人事等部门共同组织、部门之间相互配合才能够完成。这些部门具有相应的权威性，这种权威性一方面决定于审计主体状态本身的地位；另一方面决定于对被审计人员具有行政管理关系的组织人事部门的授权。经济责任审计通常由干部管理部门提出审计要求，并得到党委或行政领导小组的批准后正式开始。随后，组织部门正式委托审计机构进行具体的审计工作。在审计执行过程中，干部管理部门负责协助审计部门，确保审计活动顺利进行。审计结果不仅为干部的监督管理提供依据，而且在必要时，由相关部门对被审计的领导干部进行责任追究。这显示经济责任审计的特点是多部门间的协作性，每个环节都需各司其职，共同推进以确保审计的权威性和有效性。

4. 审计职能具有综合性

经济责任审计不仅仅关注财务收支和报表的准确性，它还延伸到管

理领域，综合财务收支审计、管理审计和经济效益审计的职能。这种综合性要求审计工作评价领导干部在财务管理、资源配置、政策执行等方面的个人责任。通过对被审计单位的经济行为和成果在合法性、合规性、真实性、合理性和有效性方面的综合审查，经济责任审计能够全面评估领导干部的经济责任履行情况，并据此评价其业绩。

5. 审计的高风险性

经济责任审计的风险来自两方面：一是审计工作本身，二是经济责任审计和被审计对象的特点。经济责任审计是一项不确定因素多、社会环境影响大、牵涉面广的工作，领导干部的任期一般较长，权力大、责任重，所从事的经济工作范围广、牵涉面大，它的结果涉及对干部履行经济责任的评价，为组织人事部门和纪检监察机关和其他有关部门考核任免干部或者兑现承包合同等提供主要参考依据。对领导者个人责任的评价和划分，审计稍有不慎，就会得出不正确，甚至是相反的结论。所以更加敏感，风险也更大。

二、乡镇领导干部的内涵

（一）乡镇领导干部的概念

乡镇是我国最基层的行政机关，乡镇一般设党委、人大、政府三个领导机构。广义上，乡镇领导干部是指在乡镇政府任职的领导干部，党委方面包括乡镇党委书记、党委秘书、宣传委员、组织委员等；政府方面包括乡镇长、副镇长等；人大方面包括人大主席和人大副主席等。这些领导干部共同承担着推动乡镇政治、经济、文化和社会各项事业发展的责任。狭义上，乡镇领导干部特指在经济责任审计范畴中的核心领导人，主要是乡镇长和乡镇党委书记。因为他们在乡镇经济管理和决策中

起到关键作用，直接影响乡镇经济的发展方向和效益。

（二）乡镇领导干部的经济责任

乡镇领导干部经济责任是指乡镇领导干部对其所在乡镇政府财政财务收支的真实性、合法性、收益性和有关经济业务活动应当负有的责任。乡镇领导干部的经济责任具体如表 2-1 所示。

表 2-1　乡镇领导干部的经济责任

类别	内容
直接责任	直接违反法律法规及单位内部管理规定的行为 授意、指使、强令、纵容、包庇下属单位违反有关规定的行为 未经单位民主决策直接决定、批准或组织重大经济事项并造成重大经济损失或国有资产流失等后果的行为 在多数人不同意情况下决定、批准或组织重大经济事项并造成重大经济损失或国有资产流失等严重后果的行为
主管责任	对直接分管工作不履行或履行不正确的行为 经单位民主决策决定、批准或组织重大经济事项，但造成重大经济损失或国有资产流失等严重后果的行为
领导责任	对其不履行或履行不正确经济责任的其他行为

三、乡镇领导干部经济责任审计的概念与程序

（一）乡镇领导干部经济责任审计的概念

乡镇领导干部经济责任审计是指对乡镇党政主要负责人在任期内的财务收支及其他经济活动进行的专项审计。其核心目标是综合评价乡镇领导干部在任期内的履职情况，尤其是在经济管理和决策方面的责任和效能。通过这种审计，可以确保乡镇财政资金和资产的规范运作，防止和发现滥用职权、贪污腐败等违法违纪行为，同时也为乡镇领导干部提供履职的反馈和监督，促进乡镇经济健康发展和提升治理能力。

（二）乡镇领导干部经济责任审计的程序

乡镇领导干部经济责任审计的程序可以概述为以下几个步骤。

1. 审计计划的制定与批准

县级组织、纪委监察等部门在上一年度结束前提出下一年度的经济责任审计委托计划。这些计划在与县级审计机关协商后报县人民政府审批，一旦确认，便成为下一年度的经济责任审计计划，并被纳入县级审计机关的年度审计项目计划中。

2. 审计的通知与进点

依据年度审计计划和县委组织部出具的委托书，县级审计机关在审计项目开始前三日向被审计单位送达审计通知书，并在通知书下达后的三日内派出审计组进入审计现场进行审计工作。

3. 审计的实施

审计组进驻被审计单位后，将开始实施审计工作。审计组通常会采用文件审查、财务分析、随机抽样、现场核查、询问访谈等多种方法，审查财务记录、核对财政收支、评估资产管理、债务及政府投资项目等。

4. 审计报告的撰写与提交

审计组在完成审计工作后，须征求被审计单位的意见，然后向县级审计机关提交审计报告。

5. 审计报告的复核、审理与整改

县级审计机关组织相关人员对审计组提交的审计报告进行复核和审理。完成这一过程后，正式将审计报告送达被审计的乡镇及其领导干部，

并督促被审计乡镇在 60 日内针对审计报告中发现的问题和提出的审计建议进行整改。

6. 审计结果的处理与移交

县级审计机关对被审计乡镇及乡镇领导干部存在的违纪问题进行相应处理，并根据具体情况将相关问题移交给纪委监察等部门进一步处理。

这一程序确保了乡镇领导干部经济责任审计的规范性和有效性，使审计工作既有序进行又能及时发现并纠正问题。

第二节　开展乡镇领导干部经济责任审计的意义、原则与内容

一、开展乡镇干部经济责任审计的意义

（一）有利于推进依法行政、依法治国

乡镇领导干部是否严格遵守国家法律法规，是否严格执行党和国家的政策，是否依法办事、依法决策、依法处理问题，直接反映了乡镇领导干部依法行政的能力和水平，关系到依法治国方略能否在广大的乡镇、农村实现的问题。近几年来，乡镇审计反映出来的极少部分村级负责人以权谋私、非法侵占集体财物的事例，影响了乡村基层组织的稳定，开展对行政村、组负责人的任期经济责任审计，有助于促进这些负责人学法、懂法、执法，加强工作责任心，减少违法乱纪行为，促进农村的社会稳定。总之，实行乡镇领导干部经济责任审计制度有助于将领导干部权力的行使置于有效的监督之下，防止领导干部失职、越权，以及滥用

权力，促使乡镇领导干部自觉增强法治观念和法治意识，学会并善于运用法律手段领导经济工作、管理乡镇事务，规范自己的行政行为，引导乡镇干部依法用权、依法行政。

（二）有利于加强乡镇领导干部监督工作

在乡镇干部的选拔任用中严格把关，对确保党的路线的贯彻执行具有关键意义，对干部队伍建设具有重要的导向作用。选拔任用干部要严格把关，必须有科学的考核方法和完善的监督机制，多方面、全方位地了解干部道德能力，运用切实有效的法规制度，约束和规范领导干部的行为。乡镇领导干部经济责任是以领导干部所在乡镇的财政收支为基础，通过对领导干部任期内经济指标完成情况，作出的重大经济决策情况、执行国家财经法规情况，以及个人遵守廉政纪律情况等方面的审查考核，可以在一定程度上判断领导干部是否具有从事经济工作所必需的政治素质和决策水平，也能正确评价乡镇领导干部是否正确履行其经济职能，是否严格执行国家有关财经法纪。这就为选拔审计乡镇领导干部任用提供了重要的参考依据，准确地考察乡镇领导干部的经济责任也是干部监督的一个重要环节。同时，通过对乡镇领导干部的经济责任审计，对广大干部也有所教育、有所警戒，从而达到在选拔任用领导干部过程中不仅设"关"、也要设"防"的目的，切实把党的选拔任用干部的方针和政策贯彻落实好。

（三）提升公共资源的使用效率

乡镇干部经济责任审计对于提升公共资源使用效率具有至关重要的意义。在审计过程中，对公共资金、资产和资源的使用情况进行全面的梳理和评估，可以确保这些宝贵资源得到合理、有效的配置与运用。审计人员通过审查账目、评估政策执行情况和监控资源流动，可以揭示出管理漏洞和不规范操作，从而防止资源的滥用和浪费。这种监督不仅提

高了公共资源管理的规范性，也促进了财政资金的透明度。更为重要的是，审计结果的反馈为乡镇管理者提供了改进工作的具体指导，帮助他们及时调整政策，优化资源配置，提高公共服务质量。因此，经济责任审计不仅是对乡镇干部履职情况的一种回顾，更是推动乡镇公共资源管理科学化、精细化的重要手段，对于促进乡镇经济持续健康发展具有深远影响。

（四）促进经济管理和制度创新

乡镇干部经济责任审计在促进经济管理和制度创新方面扮演着重要角色。审计活动通过评估政府的经济管理效能，不仅确保了公共资金的合理使用，还推动了管理制度的不断完善。通过发现和解决问题，审计促进了乡镇干部对现行管理方法的反思和改进，激发了对传统流程和规章制度的创新思考。审计结果的反馈，作为一种重要的决策支持工具，能够帮助乡镇政府识别管理中的弱点和风险点，从而引入新的管理理念和技术，提高决策的科学性和管理的规范性。随着乡镇经济责任审计在识别问题和提供解决方案方面的功能不断得到增强，乡镇政府的经济管理将更加适应市场经济的要求，为乡镇的可持续发展奠定坚实的制度基础。

（五）提升经济活动的透明度

开展乡镇干部经济责任审计对于提升经济活动的透明度具有显著意义。审计作为一种监督机制，确保了乡镇干部的经济决策过程和结果对公众开放，使得政府在财政支出、投资决策和资源分配等关键经济活动中的行为更加透明。这种透明度不仅让民众能够直接观察和评价乡镇政府的经济表现，还为公众提供了更多信息，以便他们能够参与到地方治理中来，发表意见和提供反馈。公众参与的增加，进一步促进了政府责任心的提升和政策决策的精准化。透明的经济活动降低了信息不对称，

增强了政府的公信力，为政府与民众之间建立起了更加坚实的信任基础，从而推动了政府与民众之间良性互动的形成。在这样的环境下，政府工作不仅得到了民众的监督，也更有可能得到民众的理解和支持，为乡镇和谐发展提供了强有力的社会支持。

二、开展乡镇干部经济责任审计的原则

开展乡镇干部经济责任审计时，应遵循以下六个原则，如图 2-2 所示。遵循这些原则，可以确保乡镇干部经济责任审计工作的规范性和有效性，从而更好地服务于乡镇的经济发展和管理提升。

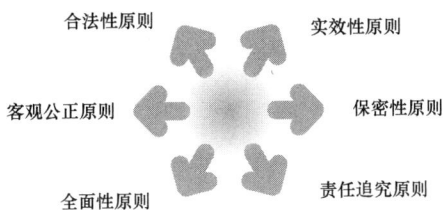

合法性原则　　实效性原则
客观公正原则　　保密性原则
全面性原则　　责任追究原则

图 2-2　开展乡镇干部经济责任审计的原则

（一）合法性原则

合法性原则要求审计工作必须严格遵守国家关于财经法规和审计准则的相关规定。合法性原则是审计工作的法律基础，确保审计活动在法律框架内进行，不仅涵盖审计机构的设立、审计人员的资格、审计程序的规定，还包括审计内容和方法的合法性。任何审计活动都不能超越法律赋予的权限和范围，同时审计结果的处理也应符合法定程序和要求。这一原则的遵守保证了审计工作的正当性，防止了审计行为的任意性，是赢得公众信任和支持的关键。

（二）客观公正原则

作为审计工作的核心原则，客观公正要求审计人员应当保持中立，

不受任何外界因素的影响，如实地反映审计对象的经济活动。客观公正原则的贯彻实施，要求审计人员具备良好的专业素养和道德品质，以确保审计结论的准确无误。在实际操作中，应采取有效措施避免利益冲突，确保审计评价和建议不受个人感情和外界干预的影响，真正做到公平、公正。

（三）全面性原则

全面性原则要求审计覆盖审计对象所有相关的经济活动和经济责任区域，确保没有遗漏重要的审计内容。它强调的是审计工作的完整性和系统性，不仅要关注乡镇干部的重大经济决策和关键环节，还要对常规操作和日常管理进行深入的审计。全面性原则的实践需要审计人员对被审计单位的业务流程和管理体系有全面深入的了解，以及对审计范围内所有事项的全面掌握。

（四）实效性原则

实效性原则注重审计结果的实际应用价值，审计不应仅仅停留在发现问题上，更要注重问题的整改和预防。这要求审计活动应具有针对性和建设性，既要能够揭露和纠正存在的问题，又要能提供解决问题的方案和建议。实效性原则要求审计工作能够促进乡镇干部改善经济管理，提高经济运行的效率和效益。

（五）保密性原则

保密性原则体现在审计过程中对于敏感信息的严格管理。审计工作中所获得的信息往往涉及乡镇的经济秘密和个人隐私，因此，审计人员必须对审计过程中了解到的所有信息严格保密。只有在法律允许和工作需要的情况下，才能对外提供相关信息。这一原则不仅保障了被审计单位和个人的合法权益，也是维护审计工作公信力和权威性的必

要条件。

（六）责任追究原则

责任追究原则是保证审计工作严肃性和有效性的关键，它要求对于审计过程中发现的任何违规行为和问题，都应当依照相关法律法规和内部规定，明确责任人并进行相应的责任追究。这一原则的实施有助于增强乡镇干部的责任感和规矩意识，预防和减少违纪违法行为，确保乡镇经济秩序的规范化和制度化。

三、开展乡镇干部经济责任审计的内容

（一）任期内财政财务收支的真实性、合法性和效益性审计

主要审查预算内收支是否真实合法，有无虚报或隐瞒收入、虚列开支，违规使用专项资金等问题。对财政支出审计，要分析财政支出结构是否合理，要对重大支出项目和专项资金的使用和效益情况进行延伸审计，检查有无损失浪费等问题。

（二）税收收入情况审计

税收收入是乡镇政府重要的财政来源，因此，对税收收入情况进行审计是乡镇干部经济责任审计的重要组成部分。审计需要评估税收计划的完成情况，包括税收征收、减免、退库，以及税收管理等各个环节，确保税收工作的规范性和有效性。此外，审计还需明确乡镇干部在税收问题上的直接责任和领导责任。特别是对第四季度的完税凭证进行重点审计，并与收入台账进行对照，严查是否有虚增税收的行为。通过这样的审计，可以促进税收工作的透明化、保障税收收入的稳定性和增长性，从而为乡镇的经济发展提供坚实的财政保障。

（三）乡镇政府机关的资产审计

乡镇政府机关资产审计关注的是对乡镇政府核算内的各类资产进行的审查。资产包括货币资金、有价证券、固定资产、应收账款及预付账款等。审计的核心是发现资产在管理和使用过程中是否存在流失、损失或浪费的问题。在实践中，这通常涉及对乡镇政府财务报告的资产变化情况进行仔细核查，同时也包括对办公用品的登记、管理和使用情况进行审计。为了保证审计的准确性，通常会要求乡镇和个人先进行自查自报，审计人员基于这些信息进行核对，确保配发给个人的办公用品没有丢失、损坏，且在任期结束时正确处理了上交或移交手续，排除了私占公物的情况。

（四）农民负担审计

农民负担审计是对乡镇政府征收农民税费的合理性和合法性进行审查。这包括确保乡镇干部在征税和收费时遵守国家法律法规，没有非法增加农民的经济负担。审计需要检查是否存在乱摊派、乱集资、乱收费、乱罚款等行为，这些行为往往会无故增加农民的经济压力。对于审计中发现的问题，需要明确乡镇干部应当承担的经济责任。这种审计旨在保护农民权益，确保乡镇政府的财政收入和支出的合法性和透明度，减轻农民的不合理负担，维护农村社会的稳定和谐。

（五）乡镇办企业财产、负债及效益情况审计

在乡镇干部经济责任审计内容中，乡镇办企业的财产、负债和效益情况审计是评估乡镇领导经济责任履行的关键部分。此类审计关注由乡镇领导干部决策兴办的企业的经营成果，包括企业的资产状况、负债情况，以及经营效益的真实性和合法性。审计过程中，通常以乡镇企业的自查自报为基础，进行审计抽样调查，深入了解乡镇企业的财务状况和

运营效率。审计目的是确定乡镇领导在企业经营中是否履职到位、是否存在经济决策失误，以及是否有违法违规行为。审计结果对于揭示乡镇领导干部在企业管理中的责任至关重要，审计发现的问题将直接关联到领导干部的经济责任追究。

（六）预算外资金收支审计

预算外资金收支审计是乡镇经济责任审计中的另一个重要领域。这一审计项目旨在查明预算外资金，包括"三提五统"资金的管理和使用是否符合国家规定。审计需要验证是否严格实施了"收支两条线"的管理办法，是否存在违纪违规现象，如分头设账、坐收坐支、白条抵库、公款私存等。此外，重点审查统筹收费是否按照批准的项目和标准进行，是否有乱摊、乱收现象增加农民负担。集资收费是否得到相关部门批准、资金是否专款专用、是否存在搭车收费现象。同时，审计还要查明预算外资金是否按批准用途使用，对公共和社会事业投资的效益评估，以及是否有截留、挪用、贪污侵占情况。特别是在收费及罚没工作中，是否使用规定的专项票据，票据填写是否清晰明确，排除了白条收费的行为。这些都是确保财政资金规范管理、提高资金使用效率的重要方面。

（七）财经法纪审计

财经法纪审计涉及对乡镇干部在经济管理中是否遵守财经法规和纪律的评价。这包括对乡镇干部执行国家财政法律、法规的情况进行审计，检查他们是否在预算管理、财政收支、国有资产管理、财务报告等方面严格按照法律法规办事。审计的目的是确保乡镇干部在经济活动中不仅遵守法律，而且还维护财经秩序，防止和纠正财经违法违纪行为。财经法纪审计是乡镇经济责任审计的基础，它直接关系到乡镇财政的规范运行和经济活动的合法性，对于加强乡镇经济管理，防范财经风险，提高

公共资源的使用效率具有重要意义。通过这一审计，可以及时发现并纠正乡镇干部在财经管理中的不规范行为，促进乡镇经济健康发展。

第三节　完善乡镇领导干部经济责任审计的策略

在乡村治理的新时代背景下，乡镇干部经济责任审计作为确保乡村资源合理配置和防范经济风险的重要机制，其重要性日益凸显。然而，实践中仍然存在诸多不足，直接影响了审计工作的效果和质量。因此，必须要完善乡镇干部经济责任审计工作，从而推进乡村治理体系和治理能力现代化。本节将主要探索完善乡镇干部经济责任审计的具体策略。

一、拓宽审计范围

（一）将惠农资金纳入审计范围

将惠农资金纳入审计范围是确保这些资金正确使用和发挥其预期效益的关键。乡镇领导干部直接管理和使用这些资金，对农业发展、农民增收和农村稳定承担着重要责任。审计这些资金可以更全面地评估领导干部履行经济责任的情况，确保资金用于正确的途径，比如提升农村农业生产力、改善基础设施和生活环境。此外，这也是对公共资金透明度和领导干部诚信的一种监督，有助于维护社会公正和防止腐败现象的发生。因此，纳入惠农资金到审计范围，不仅是评价领导工作的一种手段，也是确保惠农政策得以正确执行和落到实处的关键。

在将惠农资金纳入审计范围时，审计人员应重点关注资金的分配、发放及使用效率。这包括验证资金是否按照既定政策和标准及时发放给

正确的受益人，是否存在虚报冒领、滞留、挤占、挪用或闲置等问题。这不仅需要对资金流向和使用情况进行详细审查，还需要通过随机选取发放对象进行调查，以确保资金真正用于支持农业发展和提高农民生活水平。

（二）将自然资源资产纳入审计范围

自然资源资产，如土地、水资源、矿产等，是乡镇发展的基础性资产。乡镇领导干部在自然资源资产的保护、利用和管理中扮演着关键角色。随着经济社会发展和生态文明建设的不断推进，自然资源资产的审计成为了审计工作的一项重要内容，这不仅关系到资源的可持续利用，也是对乡镇领导干部履行经济责任的一种检验。

将自然资源资产纳入审计可以评估资源的使用效益和保护效果，防止资源的过度开发和无效利用。这有助于促进资源节约和生态环境保护，推动绿色发展理念的实施。自然资源资产的审计有助于揭示资源管理中可能存在的问题，如非法占用土地、破坏生态环境、资源资产的不合理流转等，有助于防范和减少经济损失，提高领导干部的经济责任意识。

在拓宽审计范围以包括自然资源资产时，应重视以下几个方面：一是建立健全自然资源资产的管理制度和审计评价标准，确保审计工作的规范性和有效性；二是加强对自然资源资产管理活动的全过程监控，从资源的规划、开发、利用到恢复和补偿等各个环节都要进行审计；三是创新审计方法，运用现代信息技术如遥感监测、GIS 地理信息系统等进行动态监控和实时审计；四是加强审计结果的反馈和运用，将审计发现的问题及时上报并推动整改，提高自然资源资产管理的透明度和公众参与度。

通过将自然资源资产纳入审计范围，可以更好地评价乡镇领导干部在资源管理和环境保护方面的责任履行情况，促进资源的合理配置和高

效利用，保障自然资源资产的保值增值，支持乡镇的可持续发展。同时，这也能够增强公众对乡镇领导工作的信任，提升乡镇政府的形象，为构建和谐社会提供支撑。

（三）将公共资产纳入审计范围

公共资产是国家和社会的重要财富，其科学管理与合理利用直接关系到公共利益和国家的可持续发展。乡镇作为基层政府，其公共资产管理的得失与效率对于提升政府公信力、促进经济发展、保障民生福祉具有不可忽视的作用。

第一，将公共资产纳入审计，可以促进资产的有效配置和使用，避免资源的浪费和资产的闲置。通过审计评估，可以发现并纠正资产管理中的问题，如资产保养不善、使用不当或投资决策失误等，从而提高资产的使用效率和经济回报。第二，公共资产审计有助于增强透明度和监督力度，从而预防和减少腐败现象。通过审计揭示资产使用过程中的不规范行为，可以及时发现和纠正不当行为，维护公共财产安全，保护国家和人民的利益。

将公共资产纳入乡镇领导干部经济责任审计范围时，应重视以下三个方面。一是要明确审计目标。审计公共资产的主要目标包括确保资产的合法使用、防止滥用和贪污，以及评估资产管理的效率。审计目标应与乡镇的发展目标相协调，以确保资源的有效分配。二是要建立公共资产清单。审计前，必须对现有的公共资产进行全面的清查和评估，建立详细的资产登记册。这包括固定资产、流动资产、无形资产等各类资产的详细记录，为审计提供准确的基础数据。三是要制定审计标准和程序。要发展完善的审计制度，需要制定一套明确的审计标准和程序。这些标准和程序应涵盖公共资产管理的全过程，从采购、使用、维护到报废或转让，确保每一个环节都能接受审计。

二、综合运用多种审计方法

乡镇领导干部经济责任审计的方法一般有基本分析法、账务审查法、指标分析法、线索筛选法，如图 2-3 所示。

图 2-3　乡镇领导干部经济责任审计的方法

（一）基本分析法

基本分析法是经济责任审计中常用的一种方法，主要用于对乡镇领导干部的经济活动进行初步的分析和评估，适用于审计调查了解阶段。这种方法旨在从宏观的角度了解被审计领导干部所在单位的基本情况，为后续的审计工作奠定坚实的基础。运用基本分析法可以了解的被审计单位的内容如下。

1. 乡镇的机构设置和人员配置

了解机构设置、人员配置的基本情况是审计工作的基础环节，通过这一过程，审计人员能够评估被审计单位的组织结构是否高效，人员配

置是否合理，以及人员开支是否符合预算和组织需求。通过分析机构的设置，可以了解其职能划分是否明确，部门之间的协调和合作是否顺畅，以及是否存在结构冗余或缺失。人员配置的分析涉及员工数量、职位分配、工作能力和绩效。这种分析可以揭示是否存在人员过剩或不足，职责分配是否合理，以及人员开支是否与组织的运营效率和效果相匹配。此外，还可以评估工资、福利等人力资源成本是否符合行业标准和组织的财务状况。这些信息对于确保乡镇机构高效运作、合理使用资金至关重要。

2. 乡镇制定的规章制度

乡镇的规章制度是其日常运作和管理的基础，包括组织的各项管理规定、操作流程和行为准则等。乡镇制定的规章制度的审计应重点关注乡镇是否有一套完善的规章体系，这些规章制度是否合理、透明，以及是否得到有效执行。好的规章制度应该能够指导乡镇的日常行政管理，确保各项工作有序进行。同时，还要评估这些规章制度是否符合上级法律法规的要求，以及是否能够有效地解决乡镇面临的实际问题。如果规章制度缺乏，或者制定不合理，可能会导致管理混乱，甚至引发法律风险。

3. 年度经费预算和行政支出

年度经费预算和行政支出是评估乡镇财务状况的重要方面。在这一部分的分析中，应关注乡镇的预算编制是否科学合理、支出是否符合预算，以及资金使用是否高效透明。有效的财务管理不仅包括合理的预算编制，还要有对实际支出的严格控制和监督。审计时需要检查乡镇的财务报表，评估其收支状况是否健康，是否存在财务浪费或不当支出。此外，还应考虑乡镇的资金来源，包括政府拨款、自筹资金等，以及这些资金的使用效率和效果。

（二）账务审查法

账务审查法是最基础的审计方法，利用账务审查法可以审计的内容如下。

1. 财务记录的真实性审查

在乡镇领导干部经济责任审计中，账务审查法可以审计会计记录的真实性。审计人员需细致检查账簿记录的完整性，确保每一笔交易都有相应的记账凭证，并且反映了实际发生的经济活动。此外，也需核实记录是否遵循了公认的会计原则和标准，比如收入和费用的确认、资产和负债的评估等。真实性审查的目的是揭示潜在的财务造假行为，如虚报收入、隐藏支出、误报资产和负债等。这不仅关系到乡镇的财务健康，也是评估其经济责任的关键。通过比对银行对账单、审查原始收付款凭证和合同等，审计人员能够验证账簿记录的真实性，从而为后续的分析提供坚实基础。

2. 合法性与合规性检查

乡镇领导干部的经济活动必须遵循法律法规和政策指导。账务审查法在这方面起着核心作用，通过审查确保所有财务活动均符合法律法规的要求。这包括对收入来源和支出用途的合法性进行审查，以及对固定资产的采购和处置过程进行合规性检查。例如，审计人员会详细审查公共采购程序，确保乡镇在采购固定资产时遵守了相关的招投标规则和标准。此外，对于政府补助、税收和其他收入来源，也需审查其合法性，确保没有违规收入。合法性和合规性检查有助于识别乡镇可能存在的法律风险，如违反财务管理规定、违背预算法等，这些风险可能会对乡镇的声誉和财务状况造成严重影响。

3. 支出的合理性分析

支出的合理性是乡镇经济责任审计中的关键要素。账务审查法在这方面着重于评估乡镇的支出是否合理、高效和符合预定目标。审计人员需要详细审查各项支出，包括行政运营费用、公共服务支出、投资项目等，确保这些支出符合预算安排，并且与乡镇的发展目标和民众需求相符合。特别是在大型项目投资和重要公共支出方面，需要更加仔细地检查，确保资金被有效利用，没有不必要的浪费。此外，审计还需关注是否存在超预算支出、无故延迟的项目或不合理的成本增加，这些都可能暗示着管理不善或财务不透明。通过对比预算和实际支出，审计人员能够评估乡镇在资金管理方面的表现，提出优化建议。

4. 资金使用的透明度检验

资金使用的透明度是衡量乡镇领导干部经济责任的关键指标。审查过程中，审计人员需细致检查资金流向，确保每一笔资金的使用都有清晰的记录和合理的解释。这包括对所有收入来源进行审查，如政府拨款、税收收入、捐赠等，以及对所有支出项目进行审查，如员工薪酬、公共服务费用、基础设施投资等。特别关注的是是否有资金被挪用或用于非法定用途，如用于私人消费或非公共利益的项目。透明度的检验也包括对资金管理流程的审查，如审计制度、内部控制和报告机制。通过这些检验，可以确保乡镇的资金管理健康、透明，且符合公众利益。

5. 内部控制系统的评估

利用账务审查法还可以对乡镇内部控制系统进行全面评估。内部控制系统是防止财务不当行为、保障资金安全和效率的关键。审计人员需检查乡镇的内部控制措施是否充分和有效，比如财务报告程序、审批流

程、风险管理策略等。有效的内部控制不仅能预防财务欺诈和错误，还能提高资金使用的效率和透明度。审计过程中需特别注意是否有内控缺陷，如审批权限过于集中、缺乏有效的财务监督机制等。此外，还需评估乡镇是否有及时发现和纠正内部控制问题的能力。通过这一评估，审计人员能够提出改进建议，帮助乡镇建立更加健全和有效的内部控制体系。

（三）指标分析法

在乡镇领导干部经济责任审计中，指标分析法起到了至关重要的作用。该方法通过分析一系列量化指标来评估领导干部在其任期内的经济责任履行情况。下面详细讨论如何运用指标分析法进行乡镇领导干部经济责任审计。

1. 分析经济发展水平

这涉及对乡镇领导干部任期内的关键经济指标，如对农民人均收入总额和国内生产总值（GDP）及其年均增长率进行分析。通过这些指标，可以衡量领导干部任期内经济发展的速度和质量。例如，如果 GDP 年均增长率持续上升，表明乡镇在经济发展方面表现良好。相反，如果这些指标表现不佳或呈下降趋势，可能意味着需要改进经济管理和发展策略。

2. 分析税收和财政收入情况

税收收入总额及其增长率、财税收入完成情况和可用财力及增长率等指标，是分析领导干部经济责任履行情况的重要方面。税收收入的增长可以反映乡镇经济活动的活力和盈利能力，而财税收入完成情况则显示了预算制定和执行的有效性。分析这些指标有助于评估领导干部在财务管理和资源分配方面的表现。

3. 评估经济决策能力

国有资本保值增值率和资产负债率等指标可以用来评估被审计领导干部的经济决策能力。国有资本保值增值率高，表明领导干部在资本运用方面作出了明智的决策，有效地保护和增加了国有资产的价值。资产负债率的分析则有助于评估乡镇的财务健康状况和风险管理能力。理想情况下，资产负债率应保持在合理水平，以确保长期的财务稳定。

通过这些量化指标的综合分析，审计人员能够全面评估乡镇领导干部的经济责任履行情况。这种分析不仅揭示了乡镇在经济发展、财务管理和决策制定方面的表现，还有助于识别潜在的风险和管理不善的区域。此外，指标分析法的结果还可以为制定改进措施和未来策略提供依据。这种方法的关键在于选择合适的指标，并对这些指标进行深入分析，以获得对领导干部经济责任履行情况的准确评估。

（四）线索筛选法

在乡镇领导干部经济责任审计中，线索筛选法是一种重要的审计方法，它涉及对各种来源的信息和数据进行筛选、分析，并用于评估领导干部的经济责任。利用线索筛选法进行乡镇领导干部经济责任审计时可以遵循以下步骤。

1. 收集和筛选信息

线索筛选法的第一步是收集在被审计领导干部任期内的各种信息，包括历史审计结果、纪检监察机关的调查结论、法院记录，以及其他相关资料。这一步骤的重点在于从大量信息中筛选出与经济责任审计直接相关的内容。例如，先前的审计报告可能揭示了乡镇财政管理中的问题，纪检监察机关的结论可能指出了潜在的违规行为，而法院记录可能提供了关于贪污腐败案件的详细信息。

2. 认真分析和研究

信息收集后，审计人员需对这些资料进行细致地分析和研究。这包括评估信息的可靠性和相关性，以及将这些信息与乡镇的经济状况和管理实践相对比。这一步骤旨在深入理解各类问题的根源，如财政管理的不善、资源分配的不公等，并评估这些问题对乡镇经济发展和财务健康的影响。

3. 利用确凿信息和结论

在分析过程中确认的确凿信息和可靠结论将直接用于经济责任审计。这些信息有助于构建对领导干部经济管理责任的整体评价。确凿信息的利用不仅加强审计的准确性，还增强了审计结论的说服力。

4. 对疑点进行深入审查

对于存疑的信息，审计人员需进行进一步的审查。这可能涉及对特定交易或决策的详细调查，或与相关人员进行交谈以获取更多信息。深入审查的目的是澄清任何不明确或可疑的情况，确保审计结果的全面性和准确性。

线索筛选法最有效的使用是与其他审计方法相结合。例如，通过账务审查法可以验证线索中提到的财务问题，而指标分析法则可以帮助审计人员理解乡镇在某些关键经济指标上的表现。这种方法的综合运用能够提供更全面、深入的视角，帮助审计人员准确评估乡镇领导干部的经济责任。

三、合理利用社会审计中介机构

（一）利用社会审计中介机构的意义

随着乡镇领导干部经济责任审计任务的全面推进，审计内容变得更

为复杂和多元化。这对基层审计机构提出了更高的要求，特别是在专业技能和资源配置方面。基层审计机构往往面临人力资源有限、专业能力参差不齐等挑战，这限制了它们在处理复杂审计任务时的效率和效果。此时，社会审计中介机构的引入就显得尤为重要。

社会审计中介机构通常拥有更加专业化的团队，他们的专业知识和经验涵盖了更广泛的领域，如财务、法律和行业特定的审计技能。这些机构的加入，可以为基层审计机关带来必要的专业支持，使得审计工作更加精准和高效。例如，在处理复杂的财务审计任务时，中介机构的专家能够提供深入的分析和建议，帮助基层审计机关更好地理解和解决问题。此外，这种合作还有助于引入新的审计方法和技术，使基层审计机关能够采用更先进、更科学的方式进行审计，从而提高审计质量和效率。在实践中，合理利用这些中介机构不仅可以缓解基层审计机关的人力资源压力，还能大大提高审计工作的整体水平。通过这种方式，可以更好地应对经济责任审计日益增长的挑战，确保审计工作能够适应时代的发展，更好地服务于经济社会的健康发展。

（二）合理利用社会审计中介机构的策略

社会审计中介机构虽然优势明显，但一旦涉及政府部门外包业务，就需要完备的规章制度来约束。基层审计机关在委托社会审计中介机构时应做到以下几点。

1. 严格选择合适的审计中介机构

选择合适的中介机构不仅可以提高审计工作的专业性，还能确保审计结果的可靠性和准确性。在进行选择时应注意以下几点。第一，要严格审核审计中介机构的营业执照和执业资格。一个合格的审计中介机构应当拥有由相关行业主管部门颁发的执业许可证书，这是其业务运行的法律基础。通过这样的审核可以确保审计机构有权进行专业的审计服务，

避免因不合格的审计服务对审计工作造成负面影响。第二，对审计中介机构业务人员的专业素质和工作效率的考察同样重要。这包括对其人员的教育背景、专业技能、从业经验，以及过往的业绩记录进行全面评估。可以通过查看他们的职业证书、参与过的项目案例、以往客户的评价等来进行综合判断。专业素质强的审计人员能够更准确地理解和分析复杂的财务数据，更有效地识别和评估潜在的风险和问题，从而提高审计工作的质量和效率。第三，选择审计中介机构还应考虑其业务范围和专业特长是否与审计任务相匹配。不同的审计中介机构可能在某些特定领域（如税务、资金流、内部控制等）有更深入的专业知识和丰富的经验。选择与审计任务相匹配的中介机构，可以更好地利用其专业优势，提高审计工作的针对性和有效性。第四，选择审计中介机构还应考虑其信誉和过往业绩。一个具有良好信誉的审计中介机构能够提供更可靠和质量更高的审计服务。通过了解其市场声誉、客户反馈和历史业绩，可以更全面地评估其作为审计合作伙伴的适宜性。

2. 严格管理外包审计项目

严格管理外包审计项目是确保乡镇领导干部经济责任审计工作顺利进行和维护审计质量的关键。

选择外包给社会审计中介机构的项目时，应优先考虑非机密性质的项目。这是因为机密信息的外泄可能会导致严重的安全风险和法律后果。因此，只有在确保敏感信息得到充分保护的前提下，才能进行审计项目的外包。这要求基层审计机构对审计项目的内容和性质有清晰的了解，以便作出恰当的决策。对外包审计项目的管理需要实时进行。这包括监控审计进度，确保外包项目能够按照预定计划和时间表顺利进行。这不仅有助于按时完成审计任务，还能及时发现和解决在审计过程中可能出现的问题。实时跟踪可以通过定期的进度报告、会议沟通或使用项目管理软件等方式实现。这种持续的监督和沟通有助于保持项目的透明度，

确保审计工作的连贯性和协调性。另外，对中介机构反馈的审计结果要进行随机抽查。这种抽查旨在验证审计数据的真实性和符合性，以确保审计结果的准确性和可靠性。随机抽查可以减少审计中的偏差和错误，提高审计结果的整体质量。这种抽查应包括对数据的核实、分析方法的评估，以及结果的合理性审查。

3. 实施追责机制

基层审计机构必须建立一套针对外包审计的反馈结果复查机制，这是控制外包审计质量的核心。该机制不仅应涵盖对审计结果的核查，以确保其准确性和可靠性，还应包括对整个审计流程的评估，以监控审计过程的合规性和效率。这种全面的复查有助于及时发现并纠正可能出现的错误或遗漏，确保审计结果的整体质量。此外，明确社会审计中介机构在外包审计项目中的责任划分至关重要。这涉及在合同或协议中清晰界定中介机构及其员工的职责、义务和可能的违约后果。责任划分的明确性不仅有助于预防审计风险，还能在发生问题时提供迅速且有效的问题解决途径。在审计中介机构或其员工的失误或不当行为导致审计结果受损时，明确的责任划分可以帮助基层审计机构迅速采取措施，进行必要的纠正和补救，从而最大限度地减少损失和影响。

四、建立科学合理的审计评价体系

（一）确定审计评价准则

在建立科学合理的审计评价体系中，确定审计评价准则是基础性工作，其目的是确保审计活动的有效性和准确性。审计评价准则的制定应遵循一系列准则（见图 2-4），以保障审计过程和结果的质量。客观公正

是审计评价的核心，确保审计活动中的判断和结论不受个人偏见和外部影响的干扰。重点突出意味着审计应集中关注最关键的领域和问题，确保资源和精力被有效分配。结果实用强调审计结果应具有实际的应用价值，能够为被审计单位的改进提供具体指导。这三个准则共同构成了审计评价体系的基础，为开展高效、精准的审计工作提供指导。

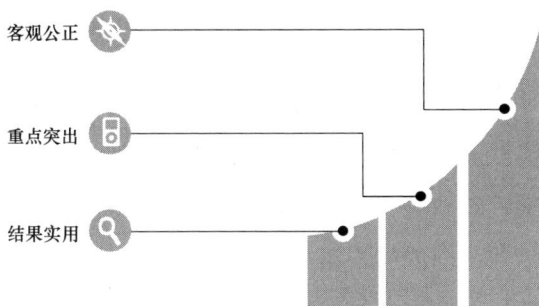

图 2-4　审计评价准则

1. 客观公正

客观公正是审计评价的基石。审计人员的工作态度直接影响审计结果的公正性。在经济责任审计中，尤其是在面对无法量化的审计事项时，审计人员必须保持客观，依据事实作出公正的评价。这要求审计人员在审计过程中保持独立性，避免任何可能导致偏见的个人或外部因素的影响。例如，在评价被审计对象的经济活动时，应基于可靠的证据和合理的审计程序，而不是个人喜好或偏见。客观公正的评价不仅有助于提高审计结果的可信度，还能增强审计工作的权威性和有效性。

2. 重点突出

由于乡镇领导干部经济责任审计通常涉及广泛的领域和复杂的内容，因此审计评价准则需要突出重点，专注于关键和主要责任。在评价乡镇领导干部的经济责任履行情况时，应重点关注重大责任和核心职责

的履行情况。例如，应单独评价领导干部在实施重大经济决策、落实上级政策，以及廉洁从政等方面的表现。通过专注于这些关键领域，审计评价可以更有效地揭示领导干部的经济责任履行情况，为后续的决策提供有力的支持。

3. 结果实用

审计结果的实用性对于乡镇领导干部经济责任审计至关重要。审计结果不仅是领导干部提拔任用的依据，也是监督管理的重要工具。因此，审计评价应足够具有可操作性和实用性，以便相关部门能够充分利用审计结果进行干部管理和监督。例如，审计报告应提供明确、具体的建议和观察，使得相关部门能够根据审计发现采取具体措施，提高领导干部的管理效率和效果。实用性强的审计评价能够更好地指导乡镇的干部选拔、监督和管理工作，增强审计工作的实际影响力。

（二）构建审计评价指标

在构建乡镇领导干部经济责任审计的评价体系时，制定合适的审计评价指标至关重要。构建审计评价指标体系需要做到以下三点。

1. 定性指标与定量指标相结合

目前审计评价中，大多数指标属于定性指标，源于审计人员的主观判断。尽管定性指标在评价过程中很重要，但它们可能因主观因素导致与实际情况不符或与被审计对象的期望不一致。为解决这一问题，科学的审计评价体系应将定性指标与定量指标相结合。这种结合可以通过对两种指标进行合理的权重配比来实现，以确保审计评价既符合客观公正的原则，又能促进被审计对象的配合。例如，在审计中可以通过定量指标量化被审计对象的经济活动，如财务报表的准确性，同时通过定性指标评价领导干部的决策质量和廉洁性。

2. 根据审计对象选择审计指标

每个乡镇的发展方向和产业结构都具有其特殊性，因此在选取审计评价指标时不能一概而论。审计评价指标的选择需要充分考虑乡镇领导干部的工作职责和乡镇的发展特点。例如，针对重点项目和乡镇的特定发展领域，审计指标的选择和权重分配应有所不同。这意味着审计评价体系应保持一定的灵活性和适应性，以确保评价指标能够准确反映乡镇的实际情况和审计目标。此外，审计指标的选择还应参考上级政府的考核指标，确保与上级政策和目标保持一致。

3. 不断完善评价指标

审计评价指标的完善是一个持续的过程。基层审计机构应根据工作实践和当地实际情况调整评价指标，及时修正不能合理反映问题的指标。此外，随着国家宏观政策的调整、法律法规的变更，以及政府工作重心的转移，审计评价指标也需要及时更新以反映这些变化。例如，如果经济责任审计开始融入自然资源资产审计，评价指标中就应增加相应的内容，同时调整其他指标的比重。这种动态的调整确保审计评价指标始终与时代发展和政策变化保持一致，提高审计评价的准确性和有效性。

本书立足于乡镇领导干部经济责任审计，建立了一套评价指标体系，具体指标设计如表 2-2 所示。该表总分值 100 分，根据指标的重要程度，以分值形式量化乡镇领导干部经济责任履职行为。

表 2-2 乡镇领导干部经济责任审计评价指标

类别	指标名称	分值
乡镇经济社会发展情况	财税收入完成情况	5
	地区生产总值及增长情况	5
	农民人均纯收入	5
	基础设施与公共事业财政投入增长情况	5

续表

类别	指标名称	分值
乡镇政府资产负债情况	资产、负债增减情况	5
	乡镇政府借贷和偿还情况	5
行政管理情况	内控制度	3
	财务管理制度	3
	资产管理制度	3
	工作制度	3
财政财务收支管理情况	预算执行和决算编制情况	5
	财政财务资料真实程度	5
公务支出情况	招待费支出情况	2.5
	会议费支出情况	2.5
	公务用车运行维护费支出情况	2.5
	培训费支出情况	2.5
重大项目投资情况	是否通过党政联席会议集体研究	3
	是否造成国有资产流失	3
	工程管理是否符合规定	3
民生保障和生态文明建设管理情况	"三农"经济政策执行情况	3
	惠农资金使用情况	3
	自然资源资产使用、保护情况	3
领导干部廉洁自律情况	是否占用单位财产或资金	2.5
	是否挤占挪用公款	2.5
	是否报销应由个人支付的费用	2.5
	是否利用职权为他人谋利	2.5
以往审计（巡视）发现问题整改情况	以前年度审计发现问题整改情况	5
	以前年度巡视发现问题整改情况	5
合计		100

第四节　深化乡镇领导干部经济责任审计结果运用

审计机关审定审计报告后，对被审计领导干部所在部门、单位违反财经法规的问题，认为需要依法给予处理、处罚的，应在法定职权范围内作出审计决定或者向有关主管机关提出处理、处罚意见，同时对领导干部本人任期内的经济责任作出客观评价，向本级人民政府提交领导干部任期经济责任审计结果报告，并抄送同级组织人事部门、纪检监察机关和有关部门。

乡镇领导干部经济责任审计能否发挥应有的作用，关键在于审计结果的正确处理和运用。为切实防止"就审计论审计，审计结果运用不落实"的弊端出现，应从以下几方面入手，来进一步完善经济责任审计结果的运用。

一、规范运用审计结果

规范运用审计结果是确保审计工作有效性的关键，特别是在乡镇干部经济责任审计中，这一点尤为重要。在环境和条件的多样性下，审计结果的运用不能仅依赖单一模式，而应根据实际情况灵活调整。下面从几个方面详细探讨如何规范运用审计结果。

（一）制定明确的运用规范

因为环境、条件等因素的影响，加之审计结果的多样化，很难对审计结果的运用制定一个统一的模式。因此，各地可结合实际，对各个部门（包括审计部门本身）在各自的职权范围内对不同审计结果的运用方式、运用要求、运用责任、运用考核办法等作出明确统一的规定。

（二）上级领导和有关部门的监督与检查

为了保证审计结果的规范运用，上级领导和有关部门需要定期组织检查和通报审计结果的运用情况。这一过程包括对审计建议执行情况的检查，对整改措施的跟踪，以及对相关责任人的考核。这样的监督机制有助于发现和解决在审计结果运用过程中可能出现的问题，确保审计工作不是单纯的形式，而是能够真正促进乡镇治理水平的提升。

（三）建立反馈机制

审计结果的规范运用还需要一个有效的反馈机制。这意味着审计部门和被审计单位之间要建立起良好的沟通渠道，确保审计建议能够得到及时的反馈和回应。反馈机制不仅有助于审计部门了解其建议的执行情况，还能为被审计单位提供在执行过程中可能遇到的问题的解决方案。

二、灵活运用审计结果

深化乡镇领导干部经济责任审计结果的运用是一个复杂而细致的过程，其核心在于灵活运用审计结果，根据不同情况采取不同的处理方式。从审计结果的性质出发，可以将其大致分为肯定性结果和问题性结果，每种结果的处理都需要细致入微地考量。

对于肯定性的审计结果，即审计过程中发现的良好实践或优秀表现，审计部门应当适当进行宣传，以此作为提升其他单位或个人行为的榜样。此外，组织人事部门可以根据具体情况给予表彰、奖励或考虑提拔重用，以此激励乡镇干部更好地履行职责，促进良好治理实践的推广。

针对问题性的审计结果，处理手段应更为细化和具体。对于一般性的问题，如日常管理不善或小规模的资源浪费，通常可以采取谈话教育或预警措施，由组织人事部门出面提醒和指导，以预防问题的进一步发

展。这种方式有助于在不影响干部职业生涯的前提下，促使其改进行为。对于存在较多问题但不足以构成党纪政纪处分的情况，审计部门应首先依据相关法规对被审计单位进行处理，如给予财务处罚或管理上的整改指令。接着，组织人事部门应对相关人员进行诫勉谈话，设定一定期限（如一年）进行跟踪审计。若经过两次审计仍无改进，可考虑对被审计人进行免职处理，并规定在一定期限内（如五年）不得担任相同性质、等级的职务。

最严重的情况，如工作失误造成重大损失或存在经济责任问题，应由审计部门依规定进行处理，并由组织部门对被审计人的职务进行降免。对于严重违法违纪的情况，则需由审计部门公布审计结果，同时由纪检机关和司法机关立案查处，对涉及党纪政纪处分或刑事处分的，应严格依法依规处理。

灵活而精准地运用审计结果是深化乡镇领导干部经济责任审计的关键。通过区别对待，合理运用不同处理方式，不仅可以有效纠正问题，促进乡镇治理的提升，还能在整个过程中保护干部的基本权益，充分发挥经济责任审计工作的作用。

三、多元利用审计结果

乡镇领导干部经济责任审计结果的多元化利用如图 2-5 所示。

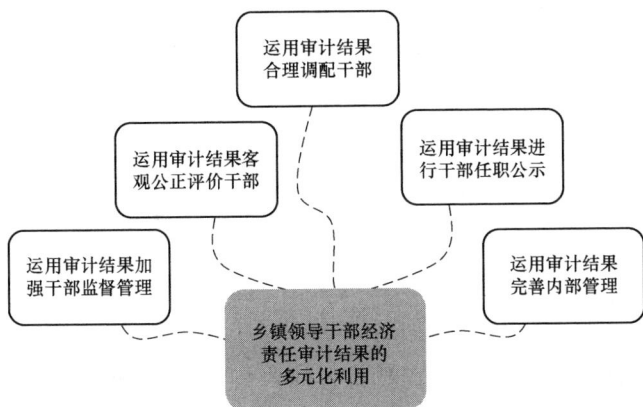

图 2-5　乡镇领导干部经济责任审计结果的多元化利用

（一）运用审计结果加强干部监督管理

经济责任审计是为党委、政府加强干部监督管理提供直接服务的。审计的实施和审计结果的运用都应该与干部的监督管理结合起来，不能脱节。经济责任审计从实施到审计结果的运用都是为监督管理干部直接服务的。一是开展经济责任审计一般是由党委的组织部门下达审计任务建议，或由政府向审计机关下达书面审计任务书的。二是审计对象一般是四种：任期已经届终或届满的领导干部；拟调整或已决定调整的干部；群众反映或组织掌握有关问题线索需要进行调查的干部；须报省、部以上表彰的干部。三是在实施审计的过程中，审计机关还要与纪委、组织、监察、人事等部门积极配合、密切协作、及时交流通报审计情况，研究解决审计中遇到的困难和问题；对审计中发现的重大问题，纪委、组织、监察、人事部门还要及时介入，做好协调配合，以发挥监督管理干部的整体合力。四是经济责任审计在内容、重点和评价对象上都不同于日常的审计监督，其特点是通过把审计手段引入干部监督管理机制，来体现审计结果服务于干部监督管理的功能。经济责任审计的客观性为监督管理干部提供了量化的依据。传统的以定性考核为主的考核干部的方法，已经不能适应形势发展的要求，需要借助审计的量化结果来客观评价干部的任期功过及干部任期行为。同时运用审计的量化结果能使干部的考核和评价更科学、更全面、更准确。审计结果作为考核干部的重要依据，有利于改变凭印象定优劣，凭感觉定取舍的状况，形成"能者上，庸者让，劣者下"的良性竞争氛围，以调动各级干部的积极性。审计的过程既是一种公示形式，又对规范干部任期行为起预警作用。

（二）运用审计结果客观公正评价干部

运用经济责任审计结果客观公正评价乡镇领导干部是深化审计结果运用的重要方面，这不仅是正确选拔和合理调配干部的基础，而且是提

升治理效率和公信力的关键。在传统的干部评价体系中，主观因素可能占据较大比重，经济责任审计结果的客观性和具体性提供了全新的评价维度。第一，经济责任审计通过详细记录和分析领导干部在财政、资产管理、政策执行等方面的表现，提供了关于干部工作实际和效果的具体证据。这些数据和信息是评价干部政绩的重要参考，它们不仅反映了干部的工作效率和成果，还展现了干部在财经管理方面的能力和责任感。第二，经济责任审计结果为干部任内责任的界定提供了明确的依据。在乡村治理中，经济责任尤为重要，审计结果能够揭示领导干部在管理公共资源方面是否恪守规章制度，是否有效利用资金和资源。这样的客观评估有助于区分那些真正为乡镇发展作出贡献的干部与那些仅仅通过表面工作来争取个人利益的干部。第三，经济责任审计结果还能够作为评价干部德能表现的重要依据。在乡镇领导层中，德能表现不仅体现在个人品德和行为准则上，也体现在如何管理和运用公共资产上。审计揭示的信息有助于评估干部在职责履行中是否遵守道德和法规标准，是否诚实、公正地执行职务。

（三）运用审计结果合理调配干部

运用经济责任审计结果合理调配干部，不仅能确保干部选拔和调配的科学性和客观性，还能够有效防止不当人事决策的发生，确保乡镇治理的高效性和公正性。这种做法有助于树立正确的用人导向，激励干部专注于实际工作和成绩，为乡镇发展作出积极贡献。

坚持"先审计后提拔使用"的原则，可以有效防止"选错人、用错人"的现象。这意味着在干部提升到更高职位前，他们的经济责任和绩效需要经过严格的审计验证。审计结果提供了关于干部在管理公共资源、执行政策及财经纪律方面具体表现的客观数据。这些数据有助于决策者更准确地判断候选人是否适合更高职责，确保提拔决策的合理性和有效性。

坚持"先审计、后调离"的原则，确保在干部调离前对其任职期间的表现进行全面审核。这样的做法有助于防止"在位是能人，走后是罪人"的情况发生。审计结果不仅反映了干部在本职工作中的表现，还能揭示其在职期间可能存在的问题。这种全面的评估确保了调离决策的公正性，避免了因忽视潜在问题而导致的错误人事决策。

坚持"先审计、后评先评优"的原则，确保干部评先评优活动的公正性和准确性。未经审计的干部不参与评先评优，尤其是在考虑报省、部以上表彰和授予荣誉称号时。这样的规定防止了虚假政绩的编造和荣誉的不当获取。通过将审计结果作为评价的重要依据，可以确保领导干部的表彰和荣誉是基于其真实的工作表现和成就，而非虚假的政绩。

（四）运用审计结果进行干部任职公示

目前，在干部监督管理上，除了实行经济责任审计制度外，还要求实行任前公示制度。如果干部经济责任审计结果不仅作为干部任前公示的内容之一，还作为干部任职公示制度的内容之一，使经济责任审计与干部任职公示制度两者有机结合起来，在干部监督与管理方面必将会收到更为理想的效果。一方面可以进一步完善公示制度，让群众更全面、更具体地了解拟任用的干部的问题，尤其是经济上的问题；另一方面可以有效提高经济责任审计作用和效果，使两项制度同时得到完善。

（五）运用审计结果完善内部管理

运用经济责任审计结果完善乡镇领导干部的内部管理是实现良好治理和提高管理效率的关键。经济责任审计揭露的问题不仅是对被审计单位的一次反馈，更是对管理制度、内部控制和廉政建设等方面的深入剖析，为进一步完善这些领域提供了宝贵的信息和机会。

审计可以有效地揭露在管理制度和内部控制制度方面存在的问题。这些问题可能包括制度的不完善、执行不力或监督不足。通过审计结果，

乡镇领导干部可以了解到管理的薄弱环节，并据此健全和完善各项规章制度。例如，如果审计发现资金管理存在漏洞，乡镇可以制定更加严密的财务管理规程和审批流程，加强财务监督和控制。同样，如果审计揭示了决策过程中的缺陷，可以改进决策机制，增加透明度和参与度。

审计结果在加强干部廉洁自律和反腐倡廉教育方面发挥着重要作用。审计不仅揭示了违法违纪问题，还为乡镇领导提供了教育和纠正的契机。通过审计发现的具体案例，乡镇可以加强对干部的廉政教育，强化他们的法律意识和道德规范。这种以案为鉴的教育方式更加直接和生动，有助于提升干部的自我约束能力，促进党风廉政建设。

此外，审计结果的运用还有助于加强综合监督机制的建设。通过将审计作为监督管理的一个重要环节，乡镇可以构建更加全面和系统的监督体系。这种体系结合了审计的客观性和其他监督手段的灵活性，为乡镇提供了多元化的管理和监督工具。

四、建立干部任用失察制度

在深化乡镇领导干部经济责任审计结果运用的过程中，建立干部任用失察制度是一个重要的策略。这一制度旨在防止因忽视审计结果而导致的干部任用偏差，确保干部选拔和任用过程的公正性和合理性。

干部任用失察制度的核心在于追究任命机关在干部任用过程中的责任。这意味着，如果在任用过程中出现偏差，尤其是当任命机关无视审计结果，背离了"先审计、后任命"的规定时，应当首先对任命机关承担的责任进行严格的追究。这种责任追究机制有助于提高任命机关对审计结果的重视程度，确保审计结果在干部任用过程中发挥应有的作用。对于违背审计结果，擅自使用干部任职权的行为，应当进行严肃处理。这不仅包括对相关人员进行党纪政纪处分，而且在严重的情况下，还应追究其刑事责任。这样的规定对任命机关构成了强有力的威慑，确保了

审计结果在干部任用决策中的重要性不会被忽视。

干部任用失察制度的建立也意味着对干部任用过程实施更加严格的监督。任命机关需要在审计结果公布后，仔细考虑审计结果对干部的任职资格和适应性的影响。这种监督机制有助于确保干部的选拔和任用更加符合实际情况，避免由于忽视审计结果而导致的错误决策。

五、健全审计结果运用机制

（一）健全经济责任审计结果及有关情况的公开公布制度

健全经济责任审计结果及相关情况的公开公布制度，是深化乡镇领导干部经济责任审计结果运用的关键。公开公布经济责任审计结果是保障人民群众知情权的重要体现。民众有权了解乡镇领导干部在管理公共资源中的表现，包括其经济责任的履行情况。通过将审计结果向公众公开，可以加强公众对乡镇领导干部的监督，促使干部更加注重自己的行为和决策，避免滥用职权或违法行为。公开审计结果能够增强政府的透明度和公信力。透明的审计过程和结果使民众能够清楚地看到政府在资源管理和决策方面的努力和成效，从而增强政府的正当性和民众的信任。这种信任是国家治理和实现善治的基础，有助于构建更加和谐的政府与民众关系。公开审计结果还能促进民众的参与。民众参与公共事务管理和决策过程是现代民主政治的重要组成部分。通过审计结果的公开，民众可以更加直接地参与到国家治理中，提出意见和建议，为改善乡镇管理提供民间智慧和力量。从受托责任的角度看，乡镇领导干部作为公众信任的受托人，管理着公共资源，因此有义务接受公众监督。公开审计结果是一种对公众信任的回应，是领导干部履行公共责任的表现。这种公开制度有助于提高领导干部的责任感，促使其更加公正、高效地管理公共资源。

（二）健全结果整改和后续情况跟踪机制

健全审计结果的整改和后续情况跟踪机制是深化乡镇领导干部经济责任审计结果运用的一个重要方面。这一机制确保了审计不仅仅是一个发现问题的过程，而且是一个促进改进和持续监督的过程。

第一，被审计单位应在规定时限内，根据审计报告提出的问题，制定并实施整改措施，并及时向审计单位汇报整改情况。这要求被审计单位对审计发现的问题给予足够的重视，采取切实有效的措施进行纠正。整改措施的实施不仅有助于解决存在的问题，也是提升被审计单位管理水平和效率的机会。第二，审计单位应对被审计单位的整改情况进行跟踪检查。这一跟踪检查不仅包括对整改措施的执行情况进行监督，还应评估整改效果，确保问题得到了实质性的解决。跟踪检查的频率和深度应根据问题的严重性和整改的难易程度来确定，以确保整改措施得到有效执行。第三，审计整改情况应成为组织部门选人用人的重要参考。这意味着，组织部门在选拔和任用干部时，会考虑其在经济责任审计中的表现和整改情况。这种做法不仅提高了审计结果的应用价值，也促进了干部选拔和任用的公正性和科学性。通过将审计结果和整改情况纳入干部评估体系，可以避免那些在经济责任上表现不佳的干部被提拔，从而提升干部队伍的整体素质。

（三）健全问责制度

建立并实施强而有效的问责制度是深化乡镇领导干部经济责任审计结果运用的重要环节，这不仅确保审计决定得到有效执行，也加强了对审计结果的后续管理和监督。

问责制度的核心在于确保审计决定具有强制力，并且被认真执行。对于那些拒不执行审计决定的被审计单位或个人，以及对审计机关发现并报告的问题不予重视的相关部门和领导，都应依据相关法律法规进行

严格的追责。这种追责机制的建立和实施，不仅可以显著提高审计决定的权威性，确保审计工作能够产生实际效果，还有助于提升乡镇领导干部的责任意识。知晓审计结果会被严肃对待，乡镇领导干部在进行决策和管理时会更加谨慎，更加注重合规性和公正性。这种责任意识的提升，对于提高乡镇治理质量和效率，构建良好的政务环境至关重要。

问责机制主要包括行政问责和法律问责两种：行政问责通常指的是在政府和公共部门内部对个人或单位在履行职责过程中的行为和决策进行的问责。这种问责方式主要通过内部的管理系统来实施，其目的是确保政府官员和公务员按照规定的政策、法规和标准行事。法律问责则是基于法律规定，对个人或单位的行为进行的问责。这种问责方式通常涉及违法行为，不仅限于公共部门，也适用于私人部门和个人。法律问责的特点是其严格性和程序性，所有的问责过程都必须遵循法定程序和法律规范。法律问责通常涉及司法程序，包括调查、起诉、审判等环节。行政问责与法律问责相比，往往具有更大的操作弹性和非确定性，这可能导致问责过程中出现不良漏洞。为此，审计问责应向法律问责形式发展，这意味着审计问责不仅限于行政领域的内部管理，而且与法律体系更紧密地结合，确保审计问责的严格性和公正性。这种向法律问责发展的趋势有助于减少行政问责过程中可能出现的主观性和不确定性，使得审计问责更加严格、透明和有力。

（四）健全审计建议制度

健全审计建议制度是深化乡镇领导干部经济责任审计结果运用机制的一个重要策略。审计建议制度的核心在于对审计过程中发现的问题进行深入分析，特别是那些"屡审屡犯"的共性问题。这种分析旨在识别问题的根本原因，而不仅仅是表面现象。例如，如果在多次审计中反复发现某种类型的财务问题，这可能表明存在更深层次的制度缺陷或管理漏洞。当审计机关发现问题根源在于制度建设的不完善时，其责任不应

仅局限于向被审计单位提出建议。更重要的是，审计机关应该将这些发现和建议及时反馈给相关部门，如财政、人事或监督部门。这样的跨部门沟通有助于整个系统的改进，而不仅仅是解决单个单位的问题。此外，健全审计建议制度还应建立有效的沟通渠道和反馈机制。审计机关在提出建议时，需要确保相关部门能够接收并理解这些建议的重要性，并采取相应的行动。同时，审计机关也需要跟进这些建议的实施情况，评估其效果，并在必要时提出进一步的改进建议。

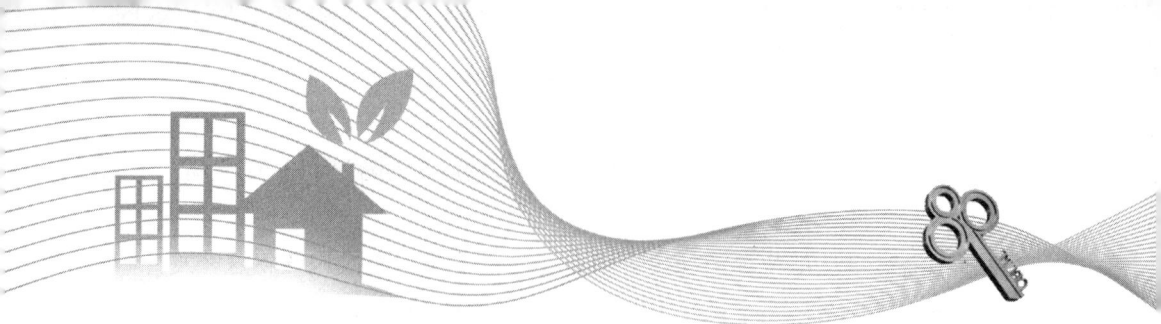

第三章　农村集体经济审计创新

　　农村集体经济审计创新对乡村治理至关重要，因为它能有效揭示和纠正财务管理中的问题，增强透明度和效率。这有助于防止腐败，提升集体经济的运作效益，同时增强民众参与和监督，促进乡村的经济发展和社会稳定。本章将详细探讨农村集体经济审计的创新。

第一节　农村集体经济审计概述

一、农村集体经济审计的概念

（一）农村集体经济

　　农村集体经济是指在土地等生产资料集体所有制基础上，有利于农民共同富裕的各种组织形式和经营方式，包括各种合作形式的集体经济。本书所界定的村级集体经济属于一种比较宽泛意义上的集体经济概念，包括现在农村出现的各类合作组织。一是以村或村民小组为单位组建的社区集体经济组织；二是以家庭承包经营为基础、统分结合的双层经营体制；三是在家庭承包经营基础上出现的专业合作社和各类专业协会等

农民新型合作组织。这三类经济组织的发展壮大都属于农村集体经济的发展。

（二）农村集体经济审计

农村集体经济审计是一种经济监督。它是由农村集体经济经营管理部门或农村集体经济审计机构及农村集体经济组织内部审计组织，依据国家法律、法规和规章的规定，运用审计的方法，按照规定的程序，对农村集体经济组织及其所属单位的财务收支和经营管理活的真实性、合法性和效益状况进行审查，并评价其经济责任，对审查结果作出公正结论，以达到严肃财经纪律，提高财务管理水平，提高经营管理质量，维护集体经济组织利益的目的。农村集体经济审计是我国审计的重要组成部分，是由我国农村集体所有制的特殊性质形成的一种审计形式。

农村集体经济审计包括以下几方面含义。

（1）农村集体经济审计是一项独立的经济监督活动。审计主体是地方法规、规章授权的农村集体经济经营管理部门、农村合作经济审计机构或集体经济指导部门及农村集体经济组织内部建立的审计组织。

（2）审计的客体是乡（镇）、村、组合作经济组织及其所办企业事业单位，使用农村集体资产、资金的其他单位。

（3）审计的依据是国家法律、法规、部门规章，中共中央、国务院文件，地方法规、规章制度的规定。

（4）审计的内容是审计客体的财务收支活动、经营管理活动和经济责任。

二、农村集体经济审计的特点与性质

（一）农村集体经济审计的特点

农村集体经济审计除具备一般审计的特点外，还有以下几个方面的

特点，如图 3-1 所示。

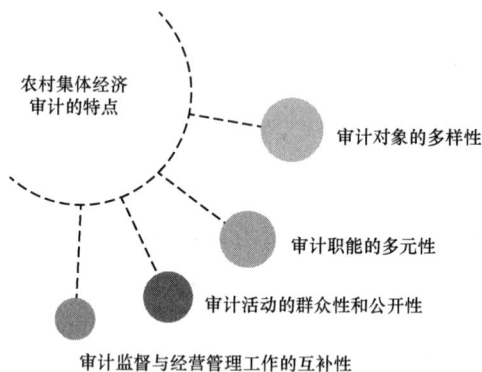

图 3-1　农村集体经济审计的特点

1. 审计对象的多样性

农村集体经济从行业结构上划分，有农业、林业、畜牧业、渔业、工业、商业、交通运输业、服务业、建筑业等；从经营形式上划分，有集体统一经营、承包经营、联合经营、股份制经营等。农村集体经济的多样性要求审计工作必须覆盖多种产、供、销、运、储等经济活动，同时还需审查资金占用、来源、成本、利润、收益分配、经营方针、资源利用等多个方面。

2. 审计职能的多元性

农村集体经济审计不仅仅是一个简单的财务审查过程，它具有多重职能，既要代表政府对农村集体经济组织行使监督，又要代表资产的所有者维护农民的合法权益。所以农村集体经济审计既具有经济监督的职能，又具有对农村集体经济组织及所属单位的经营活动进行经济评价的职能，同时又要接受有关单位和农民的委托，提供经济咨询，对经济活动进行经济公证的职能。

3. 审计活动的群众性和公开性

农村集体经济审计不仅是向政府负责，更是向广大农民负责。为了确保审计的真实性和公正性，审计过程需要依靠群众的参与和监督。这种民主监督的方式包括将财务管理、审计监督与群众的民主理财结合起来，以及将审计结果公开张榜，增加财务管理的透明度。这样的公开性和群众参与不仅提高了审计的质量，也增强了审计结果的公信力和接受度。

4. 审计监督与经营管理工作的互补性

农村集体经济审计是农村经营管理工作一项重要基础工作，是管好农村财务的一项有效措施。一方面对农村集体经济进行经营指导，另一方面还要对其财务管理等经济活动进行审计监督，两者是互相促进、互相补充的。

（二）农村集体经济审计的性质

从审计形式上来看，传统上有三种主要的审计类型：政府审计、社会审计（或民间审计）、内部审计。政府审计是国家授权政府或国家审计机关行使的，旨在维护国家资产和财政资金。社会审计由独立机构承担，受资产所有者委托，对资产和资金的经济活动进行评价。内部审计则是在本部门或系统内部开展的经济监督工作，对本部门或领导负责。

对于农村集体经济审计，多数人认为它属于内部审计范畴。这是因为农村合作经济组织内部设立的审计机构，主要执行的是内部经济监督工作。然而，农村集体经济审计又不同于一般意义上的内部审计。由地方法规或规章授权的农村集体经济经营管理部门和审计机构对农村集体经济组织的审计工作，既要对政府负责，又要对农民负责。这使得其性质更倾向于政府审计范畴。同时，考虑到很多地方的农村审计工作是受

委托进行的，并且涉及收费，这又为农村集体经济审计增添了社会审计的特点。这种由委托方发起、对经济活动进行真实性和效益性评价的审计形式，是典型的社会审计特征。

农村集体经济审计在我国的实践中，融合了政府审计、社会审计和内部审计的特点，形成了一种混合的、独特的审计形式。这种审计形式的混合性是对我国农村经济特有的所有制形式和运营模式的反映，也是对我国特有的国情和审计理论的适应。它体现了农村集体经济审计的复杂性和多元性，以及在不同角度和层面上满足审计需求的能力。

三、农村集体经济审计的必要性

（一）农村集体经济发展的需要

农村集体经济审计对于农村集体经济的健康和持续发展至关重要。随着我国农村经济的快速发展，农村集体经济组织的类型和经营模式日益多样化，涉及的资金和资源规模也不断扩大。在这种背景下，审计作为一种有效的监督和管理工具，可以确保这些资源和资金被合理、高效地使用。通过审计，可以及时发现和纠正经济活动中的问题和不规范行为，如资金挪用、经济效益低下等问题，从而提高农村集体经济的运行效率和盈利能力。此外，审计还有助于揭示和改善农村集体经济组织的内部管理和决策流程，为未来的发展提供重要的反馈和建议。因此，农村集体经济审计是推动农村集体经济健康、稳定发展的必要条件。

（二）农村基层组织廉政建设的需要

在我国农村基层组织中，廉政建设是一个重要的方面，农村集体经济审计在其中扮演着关键角色。随着农村经济的发展和农村治理结构的变化，基层组织在经济活动中拥有更多的自主权和资源控制权。这增加

了贪污腐败的风险，尤其在资金管理和资源分配方面。通过实施审计，可以有效监督和评估基层组织的财务管理和经济活动，保证其公开、透明、合法。审计可以揭露不当的经济行为，促进基层组织负责人的责任感和廉洁自律，从而提高基层组织整体的诚信和公信力。农村集体经济审计因此成为确保农村基层组织廉政建设和提高治理水平的重要手段。

（三）国家审计体系完善的需要

农村集体经济审计对于完善我国国家审计体系也具有重要意义。随着我国经济体系的不断发展和完善，构建一个全面、高效的审计体系成为保证经济健康运行的重要环节。农村集体经济作为我国经济的重要组成部分，其审计工作的有效开展是完善国家审计体系的关键一环。这不仅有助于加强对农村经济活动的监管，确保国家政策的正确实施，也有助于提高整个审计体系的覆盖面和有效性。通过农村集体经济审计，可以为国家提供关于农村经济状况和问题的宝贵信息，从而促进国家政策的调整和完善。因此，农村集体经济审计不仅是国家审计体系的一个组成部分，更是其完善和发展的必要支撑。

第二节 我国农村集体经济审计的典型模式

一、农村集体经济审计模式的概念

模式是人们在社会实践活动中通过对客观事物的观察、分析和研究，总结出事物的基本特征及内在规律，并用定量或定性加以综合描述的有机整体。审计模式是审计导向性的目的、范围和方法等要素的组合，它

规定了审计应从何处着手、如何着手，以及何时着手等方面。农村集体经济审计模式是指农村集体经济审计的标准形式或固定格式，它包括组织模式和行为模式两种。农村集体经济审计的组织模式主要包括审计的领导体制、组织结构、运行机制等；行为模式包括审计制度与规范、审计形式与内容、审计手段与方法、审计结果处理与运用等。通常情况下，组织模式是行为模式的前提和基础，它决定和影响了行为模式。因此，本书重点探讨的是农村集体经济审计模式的组织模式。

二、我国农村集体经济审计的几种模式

（一）农村集体经济审计站模式

农村集体经济审计站模式产生于 20 世纪 80 年代中期，是我国较早施行的农村集体经济审计工作模式。当时正值我国从计划经济向市场经济过渡的关键时期，国家审计制度初步建立，各方面工作处于探索阶段。

1982 年，我国宪法明确规定建立政府审计制度，当时的审计机构设置呈现为"五级政府、四级审计机关"的格局，但在乡镇一级政府，尚未设立专门的审计机关。这种情况下，农村集体经济的审计工作主要由农业经济管理部门负责。由于缺乏专职审计人员，这些工作多由农业经济管理人员兼任，难以满足日益增长的专业审计需求。20 世纪 90 年代，我国农村集体经济迅速发展，其规模和复杂性不断扩大。这一变化对审计工作提出了更高的要求。农业经济管理部门开始意识到，为了应对新的挑战，需要设立更加专业的审计部门。1992 年，农业部颁布的《农村合作经济内部审计暂行规定》（农业部〔1992〕令第 11 号）正式标志着农村集体经济审计站模式的成立，并沿用至今，其具体审计关系如图 3-2 所示。

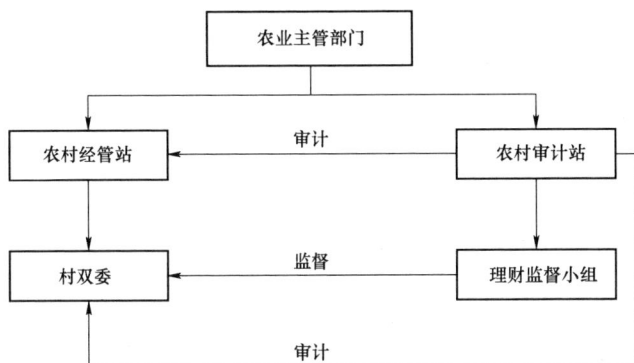

图 3-2 农村集体经济审计站关系示意图

农村集体经济审计站模式带有浓厚的政府主导色彩，行政特征明显，审计人员由经管人员兼任或者与经管站合署办公，审计客体中也包含了农村经管站。在特定的经济环境下，农村审计站从基层对集体经济财政收支情况进行监督和管理，在规范农村财务管理、保障集体资产安全、提高集体经济效益、维护社会稳定方面起到积极作用。但受客观条件的限制，该模式存在以下缺点。

1. 审计工作缺乏权威性

在农村集体经济审计站模式成立初期，由于国家审计制度刚起步，相关的法律法规并不完善。这一局限性导致审计工作在执行力度上不强，其规章制度的可操作性较差。结果是，审计工作的权威性受到影响，难以在被审计单位中施加必要的影响力，从而影响整个审计过程的有效性和公正性。

2. 审计工作定位不清晰

在这一模式中，审计人员往往既参与农村集体经济的生产管理，又参与审计工作。这种双重角色导致审计工作缺乏必要的严肃性和独立性，影响审计结果的客观性和公正性。同时，由于这种审计既不属于国家审

计，也不属于社会审计或内部审计，其定位模糊，难以有效开展专业审计工作。

3. 缺乏规范性和透明性

在农审站模式下，由于审计人员多数为兼职，导致审计力量薄弱，人员和机构的发展滞后。这种情况下，日常审计工作的开展缺乏必要的制度化和规范化。同时，由于这种模式的审计活动并未完全纳入国家审计、内部审计、社会审计的法律法规体系之内，因此，审计工作的透明度不足、效率低下、审计结果的可信度也较低。

（二）CPA 模式

CPA 模式，是为了解决传统农审站模式中存在的透明性不足、规范化操作差和审计结果可信度低等问题而产生的一种新的审计模式。这种模式是指将农村集体经济审计工作委托给独立的第三方机构，即注册会计师事务所（CPA），其具体的审计关系如图 3-3 所示。

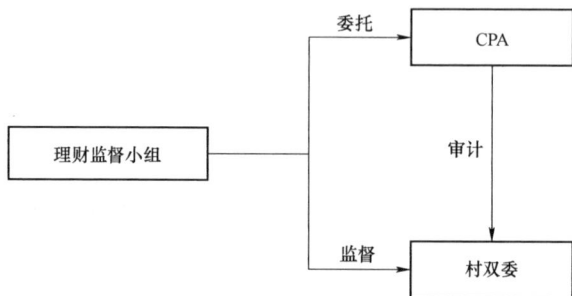

图 3-3　CPA 模式审计关系示意图

在 CPA 模式下，农村集体经济审计工作由具有高专业素养的注册会计师负责。这些专业人员不仅对审计理论和实践有深入的了解，而且熟悉相关的法律法规，能够确保审计活动的高效和精确。由于他们的专业性强，审计结果的可信度更高，这在很大程度上提升了审计工作的质量

和效率。另外，由于是外部独立的第三方机构执行审计，避免了内部审计可能存在的利益冲突，从而确保了审计的客观性和公正性。独立的审计机构能够更客观、更公正地对农村集体经济进行审计。同时，CPA 模式下，会计师事务所不仅能够出具专业的审计报告，还能提供具有针对性的审计建议。这些报告和建议对于政府和相关管理部门来说，是宝贵的决策支持材料。它们帮助政府更好地理解农村集体经济的实际情况，为相关政策制定和资源配置提供了重要依据。

CPA 模式在我国农村集体经济审计中虽然具有显著优势，但也面临着一系列挑战和局限性。一是审计制度需求不足。随着经济和民主的发展，村民对于监督的意识不断增强。然而，在实际行动上，相应的措施并未得到有效实施。例如，村务监督委员会在很多情况下形同虚设，不能有效履行其监督职责。这种情况下，即使 CPA 模式的审计质量高，也难以得到充分的利用和执行。二是审计环境不适宜。农村集体经济与企业经济相比具有其独特性。农村集体经济的特殊性决定了适用于企业的审计标准可能不完全适合于农村审计。这种特殊性可能导致注册会计师在执行审计工作时遇到困难，因为他们的专业训练和经验主要是针对企业环境的。三是审计结果难以实施。目前，关于农村集体经济审计的法律法规尚未健全。在这种情况下，CPA 模式下的审计结果难以作为司法证据来追究相关责任。这一点严重限制了 CPA 模式的实际效用，因为即便审计发现了问题，也难以依法进行追责。因此，CPA 模式的有效运作需要强有力的法律法规支持。

（三）国家审计机关主管审计模式

1985 年《国务院关于审计工作的暂行规定》的颁布标志着国家审计制度的正式确立。该模式的核心在于由国家审计机构直接参与对农村集体经济的监督和审计。这一模式体现了国家对农村经济监管的重视，并确保了审计活动的权威性和专业性。

国家审计机关主管的农村集体经济审计模式主要有四种形式。

一是县级国家审计部门直接开展审计工作。这种形式通常在农村经济较为发达的地区较为常见。在这些地区，城乡发展差异较小，财务管理相对规范，因此县级国家审计部门能够直接介入，开展审计工作。这种直接的审计方式有利于确保审计的及时性和有效性，同时也能更好地适应当地的经济发展水平和财务管理状况。

二是在县级与乡镇之间设置专门的审计机构开展工作。这种形式是在县级国家审计部门的委托下进行的。它试图在县级和乡镇之间搭建一个桥梁，通过设立专门的审计机构来执行审计任务。然而，由于缺乏足够的法律法规支撑，这种模式在实际操作中尚未得到广泛推广。

三是地市级专门的审计机构开展审计。在这种形式中，地市级的专门审计机构负责进行审计工作。这些机构与县级国家审计部门是垂直关系，不存在行政上的隶属关系。尽管这种模式可以提供更加广泛和深入的审计覆盖，但由于人力和财力资源的限制，在实际操作中相对较少见。

四是乡镇政府设置审计机构对农村集体经济进行审计。农村集体经济的审计工作被视为政府审计的一部分，由乡镇政府设立的审计机构负责执行。近年来，这种模式在实践中逐步被采用。它能够使审计工作更贴近农村的实际情况，有助于提高审计工作的时效性和针对性。

第三节　农村集体经济审计模式的创新

一、农村集体经济审计模式创新的基本原则

农村集体经济审计模式创新应遵循以下基本原则，如图 3-4 所示。

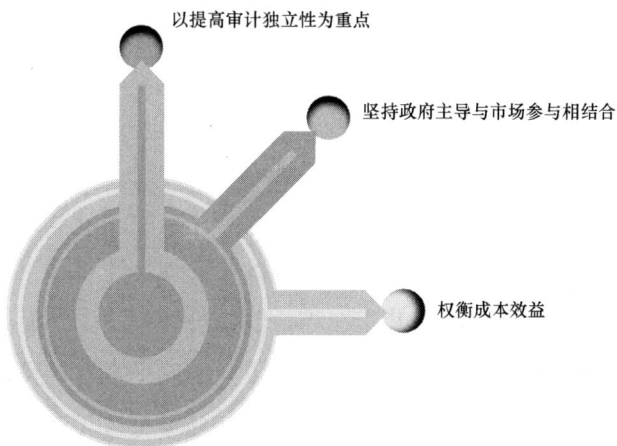

图 3-4　农村集体经济审计模式创新的基本原则

（一）以提高审计独立性为重点

审计独立性的增强直接关系到审计的权威性和效果，因此，这一原则的实施至关重要。现有的农村集体经济审计模式在独立性方面存在不足，比如审计机构的组织结构依附于被审计单位，审计人员的身份和角色冲突，以及审计经费的依赖性等问题。为了解决这些问题，需要在组织结构上保障审计机构的独立性。审计机构应独立设置，不应依附于任何其他部门，特别是被审计的单位。这有助于避免利益冲突，并增强审计的客观性和公正性。人员的独立性同样重要。审计人员应通过专门的招聘程序选聘，持有相应的专业资格，并独立自主地进行审计工作。审计人员应保持专业独立性，不受外部干涉，公正无私地行使审计职责。此外，审计工作本身也应保持独立性。审计人员应依法独立行使审计监督权，基于客观事实和审计标准做出判断，出具审计报告。这有助于提高审计工作的准确性和可信度。经济独立性对于保障审计机构正常运作至关重要。审计机构应有独立的经费来源，以保证其在财务上的自主性和不受外部影响。这将有助于审计机构更有效地执行其职责，提升审计

工作的整体质量。

（二）坚持政府主导与市场参与相结合

国家审计机关在此模式中扮演关键角色。通过其高效调配社会审计资源的优势，国家审计机关不仅能对农村集体经济审计进行业务指导和监督，还能确保审计活动的统一性和标准化。这种监督和指导作用对于确保审计质量至关重要，尤其是在当前的制度环境下。然而，单纯依靠政府审计部门可能难以完全覆盖农村集体经济的所有审计需求，特别是在一些经济发达地区。这就需要市场化审计的参与，如会计师事务所。虽然会计师事务所在农村集体经济审计中面临着信息不对称、内部人控制等问题，影响其审计独立性，但它们在专业知识和技术能力方面具有明显优势。因此，结合政府审计与市场化审计的优势，可以更好地满足农村集体经济审计的多样化需求。政府审计部门可以提供宏观的经济控制和监督，确保审计活动的权威性和规范性。同时，市场化审计组织，可以在专业知识和技术层面发挥其优势，提高审计的专业性和深度。这种协同合作能够增强农村集体经济审计的整体效果，有助于推动农村经济的健康发展。

（三）权衡成本效益

权衡成本效益，强调在推动审计制度变革时必须综合考虑各种因素，确保新模式在法律、经济和社会层面上的可行性和有效性。在法律层面，创新的审计模式必须建立在现有法律框架之内，或需要相应的法律支持。这意味着，任何审计模式的调整都需要评估与现有法律制度的兼容性，以及可能涉及的法律改革的成本和复杂性。例如，若需要修改现行的《审计法》等相关法律，这将涉及立法程序的时间和资源成本。经济成本的考虑涉及实施新审计模式所需的直接和间接成本。这包括但不限于审计机构的建立和运营成本、审计人员的培训和管理成本，以及可能的技术

投入等。同时，还需考虑到变革可能带来的经济效益，如提高审计效率、减少经济损失等。社会成本则涵盖了新模式可能对社会结构、公众意识和文化传统的影响。在农村地区，尤其需要考虑审计模式变革是否得到社会公众的广泛认可和支持，以及这种变革可能带来的社会适应成本。只有当这些成本和效益达到合理平衡，新的审计模式才能有效实施，确保既符合法律要求，又经济可行，同时得到社会的广泛接受和支持，从而有力地推动农村集体经济的健康发展。

二、农村集体经济审计模式的新选择

（一）双重领导模式

结合农村集体经济实际情况，可以建立一种双重领导审计模式，即建立一个乡镇层级的审计监督中心，该中心同时接受乡镇政府和上级审计机关的领导，并下设农村审计指导机构，该机构可以由上级政府部门、审计机关或农经部门建立，审计监督中心对本级人民政府和审计局负责。

双重领导模式的优势在于：（1）它结合了国家审计机关的专业性与权威性，同时考虑到了与农村集体经济组织生活的相融性，这种兼容性使得审计工作更加贴近农村实际情况，更能有效地监督和指导农村集体经济的财务管理；（2）由于同时受到政府层面的支持，这种模式能够从政府那里获得更为充足的经费保障，这对于审计机构的正常运作和人员配置至关重要；（3）在这种模式下，可以实现对集体经济组织财务管理活动的实时监控，提高了审计的时效性和准确性；（4）乡镇政府与审计机关的相互合作和相互限制有助于维护审计工作的独立性和客观性。审计机关在专业性的指导下进行工作，同时有行政力量作为后盾支持，这在一定程度上保障了审计的独立性。

1. 双重领导模式下农村集体经济审计的组织结构

在双重领导模式下，一般由县（市）政府和审计机关联合制定农村审计机构设置的具体实施办法，经过县级编制部门批准，授权乡镇政府在各乡镇设立独立的审计监督中心，由乡镇政府对其进行监督管理，由上级审计机关对其进行业务指导。为了加强对农村集体经济审计工作的指导，有的地方县（市）政府联合审计机关还专门成立了农村集体经济审计中心，指导审计监督中心开展农村财务收支审计，监督农村集体建设项目的审计，培训农村审计人员，或根据实际需要，对部分项目进行直接审计等。

乡镇审计监督中心的人员编制由县级政府负责解决，可以是公务员编制，也可以是事业编制，所需经费由乡镇财政纳入预算，统一提供。审计人员部分由县（市）审计局派出，部分由乡镇政府任命，也可以由双方联合对外公开招聘，须通过审计机关的业务考核，持证上岗，审计人员的任免由乡镇政府在征得县（市）审计局同意的前提下进行。审计监督中心负责人和审计人员由县（市）审计机关负责考核，业务由县（市）审计机关负责培训，工资福利待遇由乡镇政府解决。

审计任务由县（市）审计机关或乡镇政府下达，乡镇审计监督中心可以根据授权的审计范围和任务，来设定审计岗位和编制，一般定编4～8人，分别履行相应的工作职责。

2. 双重领导模式下农村集体经济审计的领导机制

在双重领导模式下的农村集体经济审计中，审计监督中心设在乡镇政府下，作为乡镇政府的一个职能部门，经费由乡镇财政统一拨付，但同时要受上级审计机关的指导并对其报告工作，人员任免方面也需征得上级审计机关同意。因此，从领导机制设计方面来看，乡镇审计监督中心不再是农业经管部门的内设机构，也不完全隶属于乡镇政府，不再属于内部审计的范畴；乡镇审计监督中心主要是在人员配备和业务上受上

级审计机关的牵制和指导，不需要从审计系统拨付资金，也不再属于国家审计机关派驻审计的范畴。它是一种新型的领导机制，将组织和业务分给不同的部门领导，充分利用乡镇政府的财政优势和审计机关的技术优势，两者既相互合作又相互制约，既保障了审计工作的顺利进行，又有助于提高审计质量。

3. 双重领导模式下农村集体经济审计的运行机制

双重领导模式下的农村集体经济审计中，审计监督中心在乡镇政府领导和县（市）审计机关的指导下运行，同时也充分考虑农村的现实情况和特点，考虑乡镇政府和村民的关注和要求。因此，审计监督中心的审计工作主要是根据县（市）审计机关和乡镇政府的委托来统一安排，也可以结合当地实际情况，接受上级政府及教育、劳动保障等职能部门的委托进行审计，接受村民代表大会和村民理财小组的委托来安排，兼顾政府部门和广大农民对审计的需求。审计结果经县级审计机关批准后，报送乡镇政府，下发给被审计单位执行，并向农民群众通报。其运行机制可用图 3-5 表示。

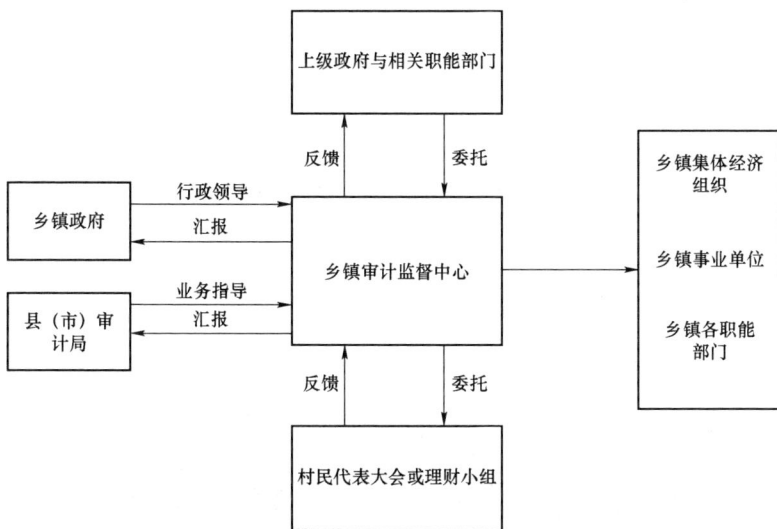

图 3-5　双重领导模式下农村集体经济审计的运行机制

（二）全覆盖综合审计模式

为了适应乡村治理背景下对农村集体经济提出的新要求，更好发挥农村集体经济审计监督作用，本书提出一种针对农村集体经济的审计新模式——全覆盖综合审计模式。该模式的核心在于协调和整合不同部门的功能与资源，创建一个更为高效和专业的审计体系。该模式通过成立农村集体经济审计工作联席会议办公室，将农业行政主管部门、国家审计机关和财政部门的职能和资源整合起来，形成一个统一的领导机构。引入 CPA 现代风险导向审计作为补充，通过与会计师事务所的合作，使得审计工作能更好地应对日益增长的审计风险。全覆盖综合审计模式如图 3-6 所示。

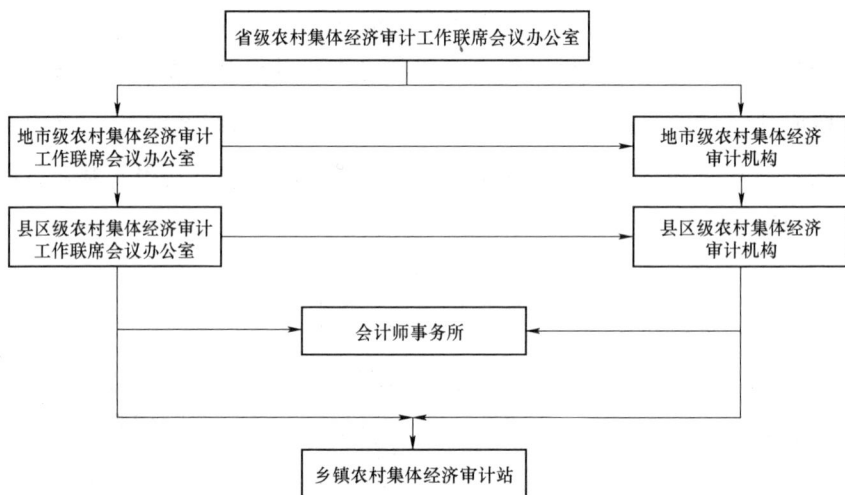

图 3-6　全覆盖综合审计模式

1. 全覆盖综合审计模式的领导机制

全覆盖综合审计模式将农村集体经济审计机构建设为相对独立的审计监督执法部门，确保其在行政上具有独立性和合法地位。为了优化领导机制，该模式提倡整合多个部门的资源和职能。这包括农业农村厅、

审计厅和财政厅等相关部门。通过整合这些部门的资源，可以确保审计工作的统一性和效率。同时，各部门在各自领域的专业性也能被充分利用，增强审计工作的专业水平。

一般来说，县级以上农业行政主管部门和乡镇人民政府负责本行政区域内农村集体经济的审计工作，因此，农业农村厅作为县级以上农业行政主管部门的上级部门，对农村集体经济审计工作负有直接领导责任。由于农村干部任期目标责任审计和离任审计也是农村集体经济审计的一部分，而审计厅作为经济责任审计的主管部门，对农村集体经济审计工作负有领导责任。省级财政部门对会计师事务所和注册会计师有权进行管理、监督和指导，因而财政厅作为会计师事务所主管部门，对农村集体经济审计工作负有间接领导责任。总的来说，农业农村厅、审计厅和财政厅应严格落实责任，加强部门联动，建立农村集体经济审计工作协同领导机制，即成立农村集体经济审计工作联席会议办公室，强化统筹协调，加强工作指导，做好协同配合，形成工作合力。

2. 全覆盖综合审计模式的组织结构

组织结构的设计旨在提高农村集体经济审计的效率和专业性，同时保证审计机构的独立性和行政权威。在全覆盖综合审计模式下，审计机构的设置和人员配置得到了重点优化，确保了审计活动的专业化和系统性。

在审计机构的设置层面，第一，各辖区内需成立农村集体经济审计工作联席会议办公室，作为该区域内农村集体经济审计的领导机构，负责审计工作的统筹和指导。第二，农业行政主管部门将保留原有的农村集体经济经营管理职能，同时剥离审计职能，以成立独立的农村集体经济审计机构。这些审计机构将负责本辖区内的农村集体经济审计监督工作，并享有一定的自主权，接受同级农村集体经济审计工作联席会议办公室和上级主管部门的指导。第三，农村集体经济审计工作联席会议办

公室和农村集体经济审计机构还可以委托有资质的会计师事务所协助开展审计业务。第四，在乡镇层面，农村集体经济经营管理站将剥离出来，形成农村集体经济审计站，专门负责本辖区内的农村集体经济审计日常工作，并接受上级主管部门的领导。

在人员配置层面，各级农村集体经济审计机构的人员主要由农业行政主管部门从原有的审计人员中挑选组建。这种方式确保了审计人员在转移至新机构时能够保持其专业性和经验的连续性。对于那些急需但在现有人员中缺乏的专业人才，要面向社会公开招考。通过公开招考，不仅可以引入新的人才，还能通过竞争性的选拔过程确保招录到最优秀的专业人员。此外，农村集体经济审计机构负责人的任免严格遵循《中华人民共和国公务员法》等相关规定。这种严格的任免制度有助于确保负责人的专业性和责任感，防止因个人原因导致审计工作的不连续性和不稳定性。除非存在违法渎职或不符合任职条件的情况，否则不得随意撤换负责人。这样的任免机制保证了审计机构领导层的稳定性，有利于审计工作的长期规划和持续实施。

3. 全覆盖综合审计模式的运行机制

建立长效完善的农村集体经济审计法律监督机制，以确保审计活动有明确的法律支撑和指导。随着经济业务的发展和变化，既有的审计条例可能不再适应当前的需求。因此，更新审计条例是确保审计工作合法性和时效性的关键。明确的法律规定可以为审计提供清晰的指导，包括审计对象、内容、方法和程序等。建立多层次的农村集体经济审计制度，规范农村集体经济审计程序。由农村集体经济审计工作联席会议办公室牵头，会同多个部门制定农村集体经济审计执业行为规范和质量评价体系，规范审计工作，控制审计质量，使农村集体经济审计工作开展实现常态化和规范化。此外，基于审计依据的地域特点，各地区和部门应制定具体的实施细则和操作指南，确保审计活动的规范性和有效性。整合

多方审计资源，完善人才选拔、考核激励机制。这意味着整合不同部门管理的审计资源，如数据、专项经费等，共享这些资源以提高审计效率。同时，加强农村集体经济审计人才队伍建设，包括规范人才选拔、培训和晋升机制，建立与绩效考核挂钩的奖罚机制，从而提升审计人员的业务能力和整体审计效果。

三、农村集体经济审计模式创新的保障措施

农村集体经济审计不是孤立存在的，它依赖于一定的审计环境，具有与外界环境、社会系统进行物质和信息交换的基本特征。审计环境在很大程度上影响农村集体经济审计的有效开展，只有优化审计机制内外部环境，才能扩大审计效果，建立一种长效的审计监督机制。双重领导和全覆盖综合审计模式要产生预期的效果，其行为模式层面的运行保障机制是必不可少的。

（一）明确审计目标和审计需求

在农村集体经济审计模式创新的过程中，明确审计目标和正确把握审计需求是至关重要的保障措施。这两个措施确保审计工作既满足国家宏观管理的需要，又能有效服务于农村集体经济的具体需求。

1. 明确审计目标

审计目标在审计监督工作中具有核心的导向作用。它不仅明确了开展审计工作的原因，而且定义了审计监督的内容。从新公共服务理论的视角来看，农村集体经济审计模式的创新应坚持以"村民本位"的价值取向为核心。这意味着，政府需要重新审视和定位自身角色，明确服务型政府的职责。农村集体经济审计的总目标应着眼于对农村集体经济的财务收支和经济活动的真实性、合规性进行审计，以此加强农村社区集

体经济组织的管理和农村民主政治建设，维护农村集体经济成员的合法权益，并促进农村集体经济的发展。

2. 正确把握审计需求

审计需求是推动审计市场发展的主要力量，是审计工作开展的前提。农村集体经济审计需求分为两个层次：强制性审计需求和自愿性审计需求。农村集体经济审计机构应基于国家宏观管理需要和自身职责，在职权范围内主动开展工作。同时，农村集体经济组织内部成员出于参与管理或维护自身权益的需求，也可以提请进行审计。此外，农村集体经济组织为了加强内部控制或提高经济效益，也可以主动邀请审计机构提供服务。

农村集体经济审计机构在处理审计需求时，需平衡国家宏观管理的需求和农村集体经济组织的具体需求。这不仅包括完成应当承担的工作，还包括接受其他委托的审计工作。正确把握审计需求意味着审计机构需要在满足法律规定的基础上，对不同来源的需求给予适当的响应，确保审计服务既全面又具针对性。

（二）提高审计独立性水平，减少审计范围受限程度

审计的独立性是确保审计质量和效果的基础。具体来说，审计独立性的体现可以从组织上、人员上、工作上和经济上四个维度来考量。

组织上的独立性是审计独立性的重要基础。以农村集体经济审计工作联席会议办公室为核心，基于原有农业行政主管部门完善各级农村集体经济审计机构，可以确保审计机构在组织结构上的独立性。这样的结构不仅有助于避免外部干扰，还能确保审计活动的公正性和客观性。人员上的独立性同样至关重要。确保农村集体经济审计人员不兼职、不混岗，能够独立自主地完成审计任务，这对于维护审计工作的中立性和公正性极为重要。审计人员的独立性保证了他们能够在不受外界影响的情

况下依法审计、做出公正无私、不偏不倚的判断。工作上的独立性是确保审计判断客观性和准确性的关键。农村集体经济审计人员应依法独立行使审计监督权，不受乡镇政府的干涉。这种独立性不仅涉及审计过程，还包括对审计结果的判断和审计报告的出具，这是保障审计工作质量和有效性的重要一环。经济上的独立性对于确保审计机构运作的自主性和稳定性至关重要。为农村集体审计机构设置单独的经费来源，减少对各级政府的依赖度，这有助于确保审计机构在财政上的自主性，从而避免因经济依赖而受到外部干预。

审计独立性和权威性水平的提高，有利于减少审计范围受限程度。农村集体经济审计机构对被审计单位和人员进行调查，被调查单位和人员应当如实提供有关资料及证明材料，对阻挠、破坏审计工作的被审计单位，审计机构有权采取封存有关账册、资产等临时措施来减少审计范围受限程度，从而可以收集到大量审计证据。对于这些证据，应围绕审计目标进行认真的分析鉴定，采取去伪存真、去粗存精、去次留主的整理加工过程，鉴别证据有效性，保证审计证据充分且适当。将各种证据联系起来分析研究，才能作出客观而确切的结论，保证和提高审计工作质量。

（三）构建审计资源支持机制

审计资源的支持对于实现审计目标至关重要，这包括人力、资金和信息等各种资源。审计工作的有效开展需要耗费这些必要的审计资源，因此，创新农村集体经济审计模式必须注重于科学配置现有审计资源，并充分挖掘和提升潜在的审计资源，从而切实提高审计资源的数量和调配效率，以最大限度地满足农村集体经济审计工作的需要。

对于人力资源的配置，农村集体经济审计主管部门的机构和职能设置体制需要得到合理的理顺。这涉及整合新成立部门的内设机构和人员资源，实现科学的分工和协调配合。审计人员应根据其业务能力被安排

到合适的岗位，这不仅避免了人力资源的闲置浪费，而且实现了审计机构整体效能的最大化。

有效整合各部门的资金资源同样重要。这主要体现在合理安排财政资金预算，确保财政资金的供给，并拓宽工作经费渠道。增强审计经费的独立性对于保障审计工作的顺利进行非常关键，因为财政独立性能有效防止外部干预，从而保证审计工作的客观性和公正性。

科学的审计方法技术的总结和应用是提高审计效率的重要一环。构建基于大数据技术的数字化审计方式，充分利用大数据分析技术不仅能提高审计工作的效率，而且能实现审计技术方法的现代化。在信息技术日新月异的今天，采用先进的技术手段对审计工作进行支持是不可或缺的。

利用互联网技术关联被审计单位的各个业务环节，搭建访问内部数据的桥梁，是提高信息资源共享和工作协同度的有效方式。通过集中分析和验证核查内部数据，确保对关键数据的动态实时监控，可以极大地提高审计工作的准确性和及时性。

（四）健全内部控制制度

健全内部控制制度是农村集体经济审计模式创新的关键保障措施之一。有效的内部控制制度对于增强农村集体经济组织的管理效率、预防错误和舞弊行为，以及提高会计信息质量至关重要。尽管许多农村集体经济组织已建立了一定的内部控制制度，但这些制度往往存在运行效率低、风险水平高的问题。因此，针对农村集体经济组织的特点，有必要采取一系列措施来健全和完善内部控制制度。

一是要建立明确的职责分工和相互制约机制。这涉及确定各岗位的职责和权限，确保各部门和个人在其职责范围内行使权力，并通过相互监督机制来预防和发现可能的错误或违规行为。这种职责的明确化和相互监督机制的建立有助于提高工作效率和减少不规范操作。二是要实现

会计信息的独立性和稽核对证。会计独立性保证了会计信息的客观性和公正性，而稽核对证则是核实财务信息真实性和合规性的重要环节。这些措施有助于提高财务报告的可靠性，为审计工作提供准确的基础信息。三是要加强民主理财与群众监督。通过民主决策和公开透明的财务管理，可以增强组织内部和外部利益相关者对财务活动的监督力度。这不仅提升了组织的信誉和透明度，也有助于防止不当行为的发生。四是要完善内部审计。内部审计不仅可以及时发现和纠正错误，还可以对内部控制制度的有效性进行评估，并提出改进建议。这是确保内部控制制度持续有效运行的关键。

内部控制制度的有效性往往受到工作人员行为的影响。如果工作人员滥用职权或串通舞弊，内部控制制度可能会失效。因此，监督内部控制制度的运行状况、发现漏洞和薄弱环节，以及根据经营环境的变化不断修正和完善内部控制制度，是保障其有效性的必要措施。

（五）优化农村集体经济组织审计环境

优化农村集体经济组织审计环境不仅可以使农村财务管理工作的合法合规性得到保障，还可以对其工作进行有效的监督，这样一来，一旦发现农村集体经济组织审计监督工作有违法乱纪等不良问题存在，可以尽早处理，将不利因素扼杀在摇篮中，所以相关部门一定要尽快优化农村集体经济组织审计环境。通过各种方式取得各级党委政府、相关部门领导人员，以及主管部门领导人员的重视，为优化审计环境措施的顺利推行奠定良好的基础。逐步构建起资源共享的审计监督机构，方便农村集体经济组织审计部门与司法机关、政府审计部门。财政等相关部门的沟通交流，信息共享，使得农村集体经济组织审计监督工作效率得到进一步提升。审计工作的服务对象包括不同阶级人员，所以，要想优化农村集体经济组织审计环境还需要通过积极宣传审计工作的重要性等手段提高社会各界，特别是农民群众的理解支持。可以通过加大对农村集体

经济组织审计工作的资金投入的方式为其良好发展奠定基础。

（六）完善审计结果公开机制，强化审计问责追究制度

农村集体经济审计机构审定审计报告，作出审计结论和决定，通知被审计单位和有关单位执行，除依法不应公开的外，应及时向社会公众公开审计结果。在监督执行方面应进一步整合农村集体经济审计职权，尤其是实体处分权方面，建议赋予农村集体经济审计机构更加广泛的检查权、处罚权、报告权、公告权和移送处理等职权，扩展审计监督的范围。一是农村集体经济审计机构要完善反馈整改机制，将审计结果中存在的问题反馈给农村集体经济组织，督促其按时整改并备案整改结果，依法向社会公众公开审计结果和整改情况。二是农村集体经济组织应当建立健全审计整改责任制，及时整改审计发现的问题，并将审计整改情况向农村集体经济审计机构报告。三是完善审计信息沟通机制，加大审计结果的执行力度，对审计中发现的农村集体经济组织涉及党员干部、国家工作人员违纪线索的，及时移送纪检监察部门调查处理。四是要重视审计结果的运用，运用审计结果客观公正评价干部、加强干部监督管理、合理调配干部和完善内部管理。五是要考虑建立健全农村集体经济审计问责机制，确立农村集体经济审计问责主体、对象、内容和程序，明确责任认定的依据和大小，通过法治化、制度化来强化问责追究制度。

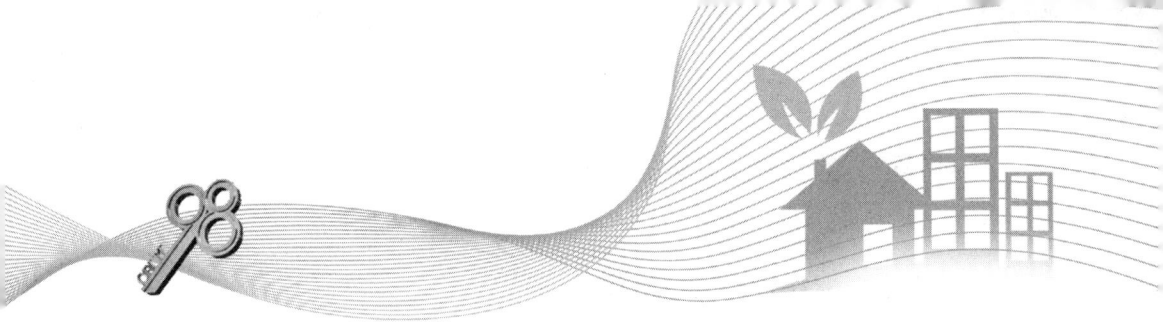

第四章 涉农专项资金审计创新

在乡村治理的背景下，涉农专项资金审计的创新成为了一个至关重要的议题。本章旨在深入探讨和分析涉及农业的专项资金审计在各个方面的创新实践。包括农业综合开发资金审计创新、农村基建项目审计创新、农村社会事业相关资金审计创新。

第一节 农业综合开发资金审计创新

一、农业综合开发资金审计的概念

（一）农业综合开发资金

农业综合开发资金主要指的是政府或相关机构专门为了推动农业发展、提高农业综合生产能力和农产品质量而设立的资金。这些资金可能用于种植、畜牧业、渔业、农业技术研发与推广等多个方面。这类资金的设置旨在促进农业现代化，提高农业的可持续性，保障国家粮食安全，以及增强农民的收入和生活水平。

（二）农业综合开发资金审计

农业综合开发资金审计则是指对这些资金的管理和使用进行系统的审查和评估。其目的是确保资金得到有效、合规地使用，避免资金浪费或滥用，并评估资金使用的效果和效率。农业综合开发资金审计通常包括审查资金的分配、使用过程、成效，以及是否达到了预定的发展目标。通过审计，可以提高农业资金的使用透明度和责任性，确保资金真正用于推动农业的可持续发展。

二、农业综合开发资金审计的重点

（一）资金投入情况的审计

资金投入审计的关键在于核实投入的资金总额、资金来源，以及资金的分配方式。这包括检查政府及相关机构的拨款情况，以及私人和国际组织的投资情况。此外，还需核查资金分配的公平性和合理性，确保资金得到了适当的使用，并满足了项目的初衷和目标。

（二）资金管理情况的审计

这部分关注的是资金的管理和内部控制机制。主要包括对财务记录的完整性、准确性的审查，以及评估资金管理的透明度和效率。同时，还应评估是否存在任何滥用资金的风险，以及已采取的风险管理措施的有效性。

（三）资金使用情况的审计

此部分重点审核资金是否按照预定目的和计划使用。这涉及检查资金用于购买设备、支付工资、建设基础设施等方面的情况，以及这些支

出是否有助于项目目标的实现。还需关注任何可能的浪费、滥用或非法使用资金的情况。

（四）资金效益情况的评价

对资金效益的评价是审计中的农业综合开发资金审计的一个关键环节。这包括分析投资的收益、项目对当地经济和社会的影响，以及项目的可持续性。评价的目的是确定资金是否有效地促进了农业发展，提高了生产力，以及是否为相关社区带来了长期的利益。

三、农业综合开发资金审计的创新策略

农业综合开发资金审计的创新策略可以从以下五方面入手，如图 4-1 所示。

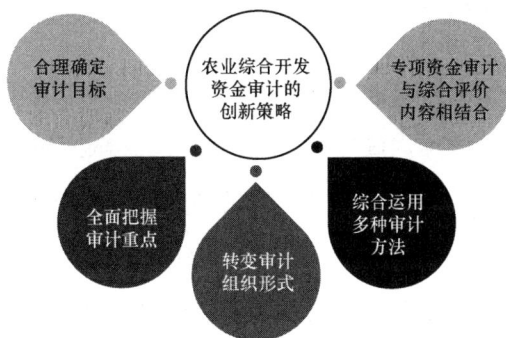

图 4-1　农业综合开发资金审计的创新策略

（一）合理确定审计目标

随着科技和经济的发展，农业综合开发的重点已经从单纯提高粮食产量转变为提高农业综合生产能力、保护生态环境、调整结构、优化品种，以及发展优质高效农业。因此，审计目标的设定必须与这些转变相适应，不仅要确保资金的真实、合法使用，还要评估资金的使用效果，

特别是在经济效益、生态效益和社会效益方面的表现。

具体而言，农业综合开发资金审计的目标应包括以下几个方面：一是审查资金使用的真实性和合法性，确保资金的拨付和支出符合相关的财政和信贷规定，避免资金的挪用和滥用；二是对资金使用效果进行评价，评估资金是否有效地用于农业综合开发项目，是否有助于提高农业生产能力、优化农业结构和品种；三是关注资金是否促进了农业的经济效益，包括提高产量、增加农民收入等；四是考察资金使用是否有助于环境保护和可持续发展，以及是否对当地社会产生了积极的影响，如改善农村经济、促进农业科技进步等。

通过将审计目标扩展到这些方面，不仅可以更全面地评估农业综合开发资金的使用情况，还能促进国家农业政策的有效实施，提高资金管理水平，确保资金投入能够真正促进农业的高质量发展。

（二）全面把握审计重点

审计人员要根据财政部门无偿资金通过体制结算拨付，下达指标文即视同资金下拨的实际，确定审计重点，采取相应的审计方法。关键应检查县级财政预算是否及时将资金拨付到乡镇财政所，然后再对乡镇财政所进行检查核对，一直核对到项目村。有偿资金逐级承借，统借统还，重点检查指标文件、借款合同及内容与拨款单据是否相符，是否附有拨出资金的银行凭证。检查乡镇财政所接收的有偿资金是否有银行进账单，确定资金到位的真实性，一直核对到村或项目单设账。要全面审计，更要突出重点。一是检查项目管理费在各级财政的列支渠道。二是对项目的抽查注重抓大抓小，即选择规模大的项目和投资较小但主要由中央级无偿资金支持的项目作为审计重点，因为大规模项目更容易出现违规问题，而小规模的无偿资金项目可能在立项阶段就存在挪用资金的风险。三是将项目资金与建设内容结合起来进行审查。这包括对比项目计划与

资金计划，检查各级项目的验收报告、鉴定报告和审计报告，以及与财政部门的资金检查报告相对照，从而全面评估项目建设内容是否与资金投入相符与资金的实际投入情况。这样的全面审计不仅确保了资金的有效使用，也强化了对项目实施的监督。

（三）转变审计组织形式

目前，资金管理模式正在发生变化，例如，采用有偿资金委托银行贷款、取消专项贷款和无偿资金的报账制等方式，这些变化的核心目的是提高资金使用效益，并防止资金使用和管理中的违规行为。

在这种新的管理模式下，传统的审计组织形式，比如仅采用资金跟踪法或随机抽查项目进行审计，可能不再适用。这是因为资金管理与项目建设已进一步分离，审计内容和对象虽然未变，但接受审计的具体单位发生了变化。例如，在对财政进行审计时，过去可能仅需检查上级拨付资金的到位情况和配套资金的真实性。而现在，除了审计这些内容外，还需要审计项目建设账，检查支出的真实性、合理性和合法性，甚至深入项目建设内容本身，以确保监督内容的完整性并有效防范审计风险。因此，审计部门需要转变其审计组织形式，以适应资金管理方式的变化。这可能包括引入更复杂的审计方法，比如项目全过程审计、绩效审计等，以及强化审计人员的专业能力和对新型管理模式的理解。

（四）综合运用多种审计方法

1. 文件审查和数据分析

这一方法是指导对所有与农业综合开发资金相关的文件和记录的详细审查。审计人员需要收集和分析财务报表、银行对账单、合同、付款凭证、项目预算和实际支出记录等。通过这些文件的细致审查，可以验

证资金的流入和流出是否符合规定、是否存在任何不规范的财务操作。此外，使用数据分析工具可以帮助识别异常模式，比如不寻常的支出波动或与预算的显著偏差，这些可能是管理不善或舞弊的迹象。

2. 现场检查和实地调查

实地调查是审计过程中的一个重要方法。审计人员会亲自访问项目实施地点，观察资金是否按计划用于指定的农业开发项目。这包括对基础设施建设、农业设备采购和其他关键活动的检查。同时，通过与项目管理者、工作人员，以及受益农户的交流，审计人员可以获得第一手信息，以确认项目的实际进展和资金使用情况。现场检查也有助于评估项目的社会经济影响和可持续性。

3. 干系人访谈和反馈分析

这种方法侧重于从项目相关干系人那里获取信息。审计人员会与政府官员、项目负责人、供应商，以及受益的农户进行访谈，以了解他们对项目的看法和反馈。这样的交流不仅有助于确认资金的使用情况，还能揭示潜在的问题，如资金管理的不透明、利益冲突或者项目实施的效率问题。此外，通过分析受益者的反馈，可以更好地评估项目对目标群体的实际影响，从而提供对资金使用效果的深入了解。

综合运用这些方法，可以全面、有效地审计农业综合开发资金的使用情况，确保资金被合理、高效地投入使用，并促进农业和乡村的持续发展。

（五）专项资金审计与综合评价内容相结合

传统的专项资金审计通常聚焦于资金的拨付是否到位、地方配套资金的情况，以及项目单位资金支出的真实性和合理性。然而，这种方法没有深入到资金使用效果的审计，尤其是在项目建设内容是否达到设计

要求方面存在不足。例如，即使对建设项目进行了审核，也难以从资金审计的角度完全确定其建设的数量和质量。

为了克服这些限制，审计需要向综合评价方向发展。这意味着，在对专项资金使用效果进行审计时，不仅要关注资金管理的效率，还要评估资金使用在财务管理、建设内容，以及其带来的经济、社会和生态效益上的综合影响。这种综合评价能够更准确地反映资金的使用效果，帮助识别和解决潜在问题。例如，如果发现有偿资金没有投入使用，审计人员需要判断这是否意味着工程量未达设计要求，或者虽然数量达标但质量不足。如果工程数量和质量都达到了计划，但投入资金减少，则可能意味着农民的负担增加了。因此，综合评价不仅关注资金的管理和使用，还包括对项目的经济效益、社会影响和对生态环境的贡献进行全面评估。

第二节　农村基建项目审计创新

一、农村基建项目审计的概念

（一）农村基建项目

农村基建项目，即农村基础设施建设项目，主要指在农村地区进行的各类基础设施建设活动。这些项目通常涉及多个领域，如交通、水利、能源、通信、教育、医疗等，旨在改善农村地区的基础设施，提高农民生活质量，促进农村经济和社会的全面发展。农村基建项目的特点有：（1）社会性强，这些项目往往以服务社区和提高公共福利为目标，对提升农村居民的生活水平和促进地区经济发展具有重要作用。（2）资金来

源多样，资金可能来自政府拨款、国内外贷款、民间投资等多个渠道。（3）实施主体多元，包括政府部门、企业、非政府组织等。（4）技术和管理要求高，由于涉及多个领域和复杂的地理、环境条件，农村基建项目在技术实施和管理方面面临挑战。

（二）农村基建项目审计

农村基建项目审计是指对农村基础设施建设项目的资金管理、项目实施、绩效效果等方面进行的审查和评估。其主要目的是确保项目资金的合理、高效使用，评估项目实施的效率和效果，并提供改进建议。

二、农村基建项目审计的主要内容

（一）农村基建项目前期决策的审计

农村基建项目决策是指对建设项目的预定目标及为实现该目标的有关问题作出的选择和决定。项目决策应贯穿于项目建设的始终。按照项目建设进程，决策分为前期决策、中期决策和后期评价。在前期决策中，主要内容如下。（1）确定项目建议书。项目建议书是建设某一具体工程项目的建议文件，它基于自然资源和市场预测，提出建设项目的建议。项目建议书通过批准后，会进行详细的可行性研究工作。（2）进行可行性研究。可行性研究是对基础建设项目在技术上和经济上是否可行进行的科学分析与论证。这包括通过科学的调查研究，对建设项目的技术、经济方面进行论证，为决策提供可靠的依据。可行性研究分为投资机会研究、初步可行性研究和详细可行性研究。

农村基建项目前期决策的审计对于促使被审计单位进行科学决策、减少投资损失、提高投资效益都具有重要意义。在审计过程中，审计人员应意识到建设项目前期决策对投资项目的重大影响，同时还要关

注审计风险。为此，审计方式需要从被动转为主动，采用跟踪审计的方法，使得审计与决策工作同步进行。这意味着审计人员需要按照审计法律法规和审计准则的要求，细致地进行审计监督，以达到审计监督的目的。

农村基建项目前期决策审计的内容主要包括以下三个方面。

1. 审计前期决策程序的合规性

农村基建项目的审计应首先确保投资决策程序的合法性和完整性。这包括确保所有决策步骤都符合国家和地方的建设要求，并且与项目的总体建设计划一致。特别是在大型项目中，必须检查是否有可行性研究报告，并且这些报告的编制和审批程序是否符合国家标准。此外，还需关注在建设过程中或项目完成后，这些决策是否被严格执行，以及项目的质量和综合效益是否达到了预期目标。合规性审计是中国审计部门的重点内容之一，通常通过检查文件和批文来实施。

2. 审计可行性研究报告内容的完整性

可行性研究是基于广泛调查的结果，对项目在技术和经济方面的可行性进行评估，并选择最佳方案的过程。审计过程中需要确保可行性研究考虑了项目的质量标准与建设目标的一致性，以及项目与所在地区环境的协调性。在财务方面，需要评估内部收益率、投资回收期和投资利税率等关键指标。审计人员应重点检查原始可行性研究报告中使用的基础数据的真实性和计算方法的准确性，确保没有虚假分析。

3. 审计投资决策文件本身的科学性和合理性

财务评价的可行性是判断项目成功的关键。这涉及基于财务数据估算，按照现行财务制度和价格，对项目财务可行性进行分析和评价。这

包括估算总投资额、总成本、收入和利润等财务数据，编制财务报表（如资产负债表、现金流量表、损益表等），计算静态和动态的财务指标（如投资回收期、利润率、净现值、内部收益率等），最后提出项目的财务可行性结论。

（二）建设项目概算审计

建设项目概算审计是指对建设项目在规划和实施阶段的成本估算进行的审计工作。这个过程包括评估和验证项目成本的计算是否准确、合理，并且符合国家或地区的规定和标准。其目的是确保项目成本控制在合理的范围内，预防和减少不必要的财务风险和浪费。

概算本身是一种预估的项目成本，通常在项目计划和设计阶段制定，包括预估的人工成本、材料费用、机械使用费用等。概算是基于国家或地区发布的概算指标、定额或综合预算定额等标准来编制的。它可以被细分为建设项目总概算、单项工程综合概算、单位工程概算及其他工程费用概算等。

对于建设项目的概算而言，审计部门必须要从以下方面着手，进行审计监督。一是编制条件审计，检查项目是否具备合适的前提条件，如是否具有明确的建设地点；是否具有足够的建设资金；是否具备一定的生产能力；建设规模与建设标准是否符合投资估算与投资计划要求。二是编制依据审计，核实概算的编制依据是否合法、时效和适用，以确保概算的合规性。三是总概算书审计，评估总概算中的各项内容是否符合前期批准的项目规模、生产能力、设计标准等，并检查费用的合理性和准确性。四是单项工程和单位工程概算审计，检查各项费用的计算方法和概算指标的标准，确保工程量计算的准确性。五是其他工程费用概算审计，重点审查其他工程费用的真实性、可能性和重复性，如管理费、迁移费、土地使用费等。

（三）建设项目预算审计

建设项目预算审计是对农村基建项目在施工阶段前的成本预算进行的审计。这一预算是在施工图设计完成后、工程开工前编制的，基于批准的施工图纸和已确定的施工方案。预算的编制依据包括国家和地区的预算定额、单位估价表、费用标准和材料预算价格等规定。建设项目预算的目的是确定建筑安装工程的造价，它是施工管理、经济核算的基础，也是工程承包计价和工程结算的依据。

对于农村基建项目预算的审计主要关注以下几个方面。

1. 具体审查工程量

对大型项目通常采用抽查的方法，重点审计工程量大且价值高的部分。例如，在房屋建筑工程中重点抽查结构部位、隐蔽工程、墙体工程和高级装饰部分。道路工程则重点审计面层、垫层和土方工程。装饰工程关注墙面、地面、顶面及特殊装饰部位。对于中小型项目，则应实施更为详细的审计来核实工程量。

2. 审查定额的套用

审计工作需要核实定额的选择是否正确，以及定额使用过程中是否存在误差。需要核查定额编号对应的项目内容是否与设计要求一致，以及定额基价的换算是否正确。

3. 审查各项费用

包括直接费用、间接费用和其他相关费用。审查直接费用时，重点在于核实工程量和定额基价。直接费用中的人工费用应按标准计算，材料费用以定额预算价计入直接费用，机械费用包含固定和可变部分。间接费用和其他相关费用的审计则关注费率和取费基数的正确性，以及是

否符合项目类别要求和现行文件规定。

通过这种细致的审计过程，可以确保农村基建项目的预算编制过程的准确性和合规性，有效防止成本超支或资源浪费，保障项目的经济效益。同时，这也有助于加强施工管理和经济核算，保证项目按计划顺利实施。

（四）建设项目结算审计

农村基建项目中的建设项目结算审计是对单项工程、单位工程、分部工程或分项工程在完工并通过验收后进行的价款结算的审计。这个过程涉及根据施工过程中的实际记录、设计变更、现场更改、预算定额、材料价格和费用标准等资料，对工程价款进行结算。结算方式包括定期结算、阶段结算和竣工结算等，这些都是核定工程价款、确定工程收入、考核成本、进行计划统计和经济核算的依据。

结算审计在农村基建项目审计中占有非常重要的地位，是大多数建设项目审计的主要内容。在实际工作中，审计部门需要高度重视这一环节，并关注以下几个重点。（1）审查设计变更和现场签证。这涉及工程实施过程中的设计变化和现场实际情况的调整，对工程成本和最终价款有重要影响。（2）材料和设备价格变化。审计时要关注施工过程中材料和设备价格的变动情况，因为这会直接影响工程的最终成本。（3）建筑经济政策变化。建筑经济政策的变化可能影响工程造价，因此在审计时要对此进行检查。（4）补充合同内容。审查补充合同的内容，以确保其合法性和合理性，以及其对工程价款的影响。

常用的审计方法如下。（1）分组计算审计法。这种方法将预算中的相关项目分成若干组，利用同组中的数据来审计各分项工程量，可以提高审计效率。（2）对比审计法。通过将已完成或已审计过的项目预算与拟建项目预算进行对比，可以发现潜在的问题。（3）重点抽查审计法。对于复杂、设计标准高、造价大的工程，抽查部分分部分项进行审计，

以点带面进行全面评估。

三、农村基建项目审计面临的主要风险及对策

（一）农村基建项目审计面临的主要风险

1. 审计的滞后性

由于基建项目的建设周期通常较长，有的项目甚至持续达10年之久，审计工作往往是在项目建成后才进行。这种滞后性导致的问题是，一旦发现问题，可能已经对企业造成了不可逆转的损失，甚至可能导致企业破产。滞后性的审计不能及时发现并纠正项目中的问题，从而降低了审计的有效性和及时性。

2. 审计队伍专业素质和能力有待提高

农村基建项目审计是一项高度专业化、复杂和系统的工作，要求审计人员不仅要具备基础建设、经济及相关学科的专业知识，还必须具备专业的审计能力。然而，目前，许多农村审计人员的专业素质不高，知识结构单一，难以有效地完成基建项目审计任务。这可能导致审计过程中的疏漏、错误判断或误解。

3. 审计的方式和方法落后

审计技术和方法的运用直接影响审计的工作质量。由于每种审计技术和方法都有其局限性，在基建项目审计中，这些局限性尤为明显。现有的审计手段可能过于单一，缺乏在建设过程中的审计（事中审计）和针对特定问题的专项审计。这可能导致审计资源分散、审计不到位，增加了审计风险。

（二）农村基建项目审计的完善对策

针对农村基建项目中存在的各种问题，应该对症下药，实施有效的改善措施，具体如图 4-2 所示。

图 4-2　农村基建项目审计的完善对策

1. 改革农村投资体制

在当前农村投资体制下，要提高各类建设项目的综合利用率，把有限的资金有效地用于那些最为紧急且对地区发展最为有益的领域上，用在发展和群众最急需的地方，县（市、区）人民政府要切实承担起组织、协调和管理的职能，根据国家的产业政策和投资导向，打破传统的部门间壁垒，对农村建设的各类项目通盘考虑，统筹规划，尽可能形成项目互补，资金互补，最大限度地发挥投资效益，促进县域经济发展。

2. 改进审计方式

在农村基建项目的审计领域，面临着一个长期存在的挑战：审计的滞后性。传统的审计方法往往是在项目完成之后进行，这种做法虽然能够对整个项目进行全面的回顾和评估，但同时也意味着一旦发现问题时，

已经为时过晚，难以采取有效的纠正措施。为了解决这一问题，可以采用更为灵活和综合的审计方法。

（1）开展事中审计，即在项目实施过程中进行审计，可以及时发现和解决问题，从而避免或减轻可能的损失和风险。这种方式特别适用于规模较大、周期较长的基建项目。在这些项目中，通过将整个项目分解为若干个子项目，可以在每个重要的阶段或节点进行审计，确保每个阶段的质量和效率。例如，在基础设施建设的不同阶段，如地基工程完成、主体结构建成、装修和安装阶段等，均可以进行相应的审计。这样的阶段性审计不仅有助于及时发现问题，还能为后续阶段的改进提供宝贵的信息和建议。

（2）开展专项审计。根据建设项目流程，及时开展项目可行性审计、招投标审计、工程施工审计、现场管理审计、工程造价审计、档案管理审计、项目后评价审计等，从而在项目建造过程中从不同的角度介入开展审计监督，既提高了审计的时效性，又提高了监督的深度和力度，同时也加强了建设项目中重要环节的监控。

（3）做好审计调研与审计跟踪，积极开展动态审计，即根据企业的在建项目情况结合审计规划，对在建项目开展现场调研和审计跟踪，对调研中存在问题较大的项目，以及对项目事中审计或专项审计问题整改不力的项目，应及时进行动态审计。

3. 创新审计方法

第一，实施建设项目全过程的跟踪管理审计。这种全面的审计方法覆盖了项目从初始阶段的建议、可行性研究，到初步设计，再到工程施工，最终直至竣工验收的整个周期。通过对每个环节的细致监控，可以确保项目在不同阶段均符合既定标准和预期目标，同时也有助于及时发现和纠正可能出现的问题，从而降低整个项目的风险。

第二，利用现代技术手段，重视信息技术在审计工作中的应用。开

发或购买专门针对建设项目审计的软件可以大大提升数据处理的速度和准确性。这些软件能够帮助审计人员快速分析大量数据，识别出潜在的问题和风险点，同时也能提高报告的质量和可靠性。例如，审计软件可以通过分析预算和实际支出的差异，快速识别出超支或未充分利用的资金，从而为项目管理提供及时的反馈。

第三，建立建设项目数据资料与审计软件的联网，开展日常性审计和远程审计。日常性审计可以确保项目在实施过程中持续受到监督，而远程审计则允许审计人员不受地理位置的限制，随时对项目进行审查和评估。这种联网还可以帮助审计人员迅速访问和分析历史数据，更好地理解项目的整体趋势和特点。

4. 提高审计人员素质

在农村基建项目审计的实践中，提高审计人员素质是至关重要的。审计人员不仅需要具备丰富的专业知识和技能，还需要能够适应不断变化的审计环境和需求。这种提升可以通过多种方式实现，包括引进外部人才、培训更新现有人员的技能和知识、内部人才的整合，以及建立外部人才网络。

第一，为了提高审计团队的整体素质和能力，外部引进具有工程技术和财务审计双重背景的复合型人才是一种有效的策略。这些复合型人才通常具有跨学科的知识和经验，能够在审计过程中更好地理解和评估工程技术和财务方面的问题。同时，适当增加审计机构的编制，可以确保有足够的人力资源来应对不断增长的审计任务和挑战。

第二，定期对审计人员进行培训，是更新其观念、知识和技能的重要途径。通过培训，审计人员可以掌握最新的审计技术、法规和行业最佳实践，这对提高审计工作的质量和效率至关重要。此外，鼓励审计人员自学并获取专业资格证书，不仅有助于个人职业发展，也能提升整个审计团队的专业水平。

第三，加强系统内部的人才整合。具体而言，上级审计机关可以通过委托或授权的方式，将一些基本建设审计项目交由人手充足且具备审计权限的下级审计机关来执行。这种做法有几个显著的优势。它能有效解决人力资源分配不均的问题。在很多情况下，上级审计机关可能面临人手不足的局面，而下级机关则可能有未充分利用的审计资源。通过这种上下级机关之间的合作，可以确保审计资源得到更高效的利用。这种方式有助于提升审计工作的灵活性和响应速度。下级审计机关通常对当地的具体情况更为熟悉，因此在处理地方性建设项目时，能够更快地作出反应，并提供更为精准的审计服务。这也是一种人才培养和经验积累的机会。对于下级审计机关的审计人员而言，参与更多的审计项目有助于他们积累经验，提升专业技能，从而为未来的职业发展打下坚实的基础。

第四，建立外部人才网络。与会计师事务所、咨询机构，以及其他中介机构中的技术专家建立稳定的合作关系，对于处理复杂的审计任务至关重要。这些外部专家通常拥有丰富的专业知识和实践经验，能够为审计项目提供专业的视角和深入的见解。在必要时，聘请这些专家参与重点建设项目的审计工作，不仅可以提高审计的准确性和专业性，还能增加审计工作的权威性和可信度。同时，通过与这些外部专家的合作，审计机构的内部人员可以获得宝贵的学习和交流机会，从而提升自身的专业水平和工作能力。

第三节　农村社会事业相关资金审计创新

一、新型农村合作医疗保险基金审计

（一）新型农村合作医疗保险制度概述

新型农村合作医疗保险（以下称新农合）是针对我国农村地区的一

项重要公共健康和社会福利政策。这一制度旨在通过提供基本医疗保险，改善农村居民的医疗服务水平和健康状况。新型农村合作医疗保险起源于 2003 年，作为一项国家层面的举措，是对原有农村合作医疗制度的改革和重建。

新型农村合作医疗保险的核心概念是通过集体合作和共同资助的方式，为农村居民提供基本医疗保障。这一制度的基本特点可以概括如下。

1. 广泛的覆盖范围

新型农村合作医疗保险旨在覆盖我国大部分农村地区，为广大农村居民提供基本的医疗服务保障。这一政策特别关注那些传统上缺乏足够医疗保障的农村居民。

2. 政府补贴和个人缴费相结合

新型农村合作医疗保险制度的资金主要来自政府补贴和农民个人缴费。政府补贴是为了降低农民个人的财务负担，确保更多的农民能够参加该保险。

（二）新型农村合作医疗保险基金审计的意义

新型农村合作医疗基金是否安全运行，直接影响新农合能否健康发展。因此，对新农合基金审计，可进一步规范新农合基金的使用和管理，巩固发展新农合制度，深化医药卫生体制改革，提高农村卫生医疗机构服务能力，维护农民群众切身利益，让医改成果真正惠及百姓，建设社会主义新农村具有积极作用。具体体现如下。

1. 确保资金的合理使用和透明管理

审计作为一种重要的监督机制，能够确保新型农村合作医疗保险基金被正确、有效地使用。通过对基金的收入、支出和管理进行系统的检

查和评估，审计有助于识别和防止财务管理中的不规范行为，如挪用、滥用或者浪费资金等，从而确保这些宝贵资源能够被用于保障农村居民的医疗需求。审计还有助于增强财务透明度，通过向公众公开审计结果，可以提高制度的公信力和接受度，增强人民对医疗保险体系的信任。

2. 促进制度改进和政策优化

第一，审计提供了关于制度运行效率和效果的重要反馈，帮助政策制定者理解基金运作的现实情况。基于审计发现的问题和挑战，可以制定更为有效的策略和措施，以优化和改进医疗保险体系。第二，审计发现的问题不仅限于财务层面，还包括政策执行、管理流程和服务质量等方面。这些反馈可以作为未来政策调整和制度设计的重要依据，促进制度更好地适应农村地区的实际需求。

3. 保障和增进农民利益

审计有助于确保新型农村合作医疗保险基金真正惠及目标群体，即农村居民。通过监督基金的使用情况，可以确保资金被用于提高农村地区的医疗服务质量和可及性，减少因病致贫现象，从而保护和增进农民的健康和福祉。审计还可以揭示基金管理和使用中存在的不公平现象，比如一些地区或群体未能充分受益于保险基金，从而促使相关政策和措施的调整，实现更公平的资源分配。

（三）新型农村合作医疗保险基金审计的主要内容

1. 新农合基金筹集情况

新农合基金的筹集包括多个方面，涉及中央补助资金、地方政府补助、农民个人缴费等多个环节，每个环节的审计都至关重要。

（1）中央补助资金的申报情况，需要重点审查地方政府和定点医疗机构提交的报表。这一环节的审计重点是检查是否存在虚报参合人数和缴费金额以骗取国家补助资金的情况。这种行为不仅违反了政策规定，而且会损害制度的公平性和效率，因此必须通过审计及时发现并加以纠正。

（2）地方政府补助资金的到位情况。审计机关需要审查地方各级政府的资金是否足额到位，以及是否存在滞留挪用的问题。这包括对资金来源渠道的审查，确保地方政府补助资金没有挤占或挪用其他财政资金。这一点对于保障基金的稳定来源和合理使用至关重要。

（3）银行账户的开设和资金存储情况。审计机关需要核实新农合基金银行开户许可证的有效性，审查银行对账单和存款余额，确保资金的安全性和透明性。这有助于预防和发现基金管理过程中的财务风险，保障资金的安全使用。

（4）审计还应关注农民的实际参合人数、个人实际缴费额度，以及缴费比例和方式。这涉及是否存在乱收费和乱摊派等问题，直接关系到新农合制度的公平性和可接受性。通过确保农民按规定缴费，可以保障基金的稳定来源，同时也能够维护农民的合法权益。

2. 新农合基金管理情况

新农合基金管理情况的审计主要包括以下几方面。

（1）新农合基金的内控制度执行情况。这涉及检查新农合基金管理相关部门和经办机构是否建立了必要的监督管理法规和内控制度。内控制度是确保基金管理透明、有效、符合规定的重要工具。审计需要评估这些制度的有效性，查明是否存在不规范或不合理的规定，以及制度执行过程中可能出现的问题。通过这种方式，审计能够帮助新农合基金管理机构改进和强化其内控机制。

（2）风险基金的建立情况。风险基金是为应对潜在的财务风险而设

立的一种保障机制。审计需要检查风险基金是否已经建立，并且是否按照规定运作。这包括审查上缴方式、财务处理情况，以及上下级账面记载的一致性。这种审计有助于确保新农合基金能够有效地应对各种风险，保障其长期稳定运行。

（3）基金的保值升值情况。审计要查看基金结余的情况，以及基金在运行过程中是否实现了保值增值，并且是否按照规定结转。这不仅关系到基金的财务健康，还涉及基金能否持续有效地支持新农合制度的运行。

（4）新农合基金财政专户的管理情况。这包括审查从合作医疗基金中提取的各类基金，如门诊和住院基金、大病救助基金等是否按照分配方案提取，以及提取比例是否正确。这有助于确保基金的使用符合规定，有效地支持新农合制度的目标。

3. 新农合基金支出情况

新农合基金支出的审计工作对于确保基金的合理使用、提高医疗服务水平，以及维护参保农民的利益具有重要意义。主要需要聚焦于几个关键领域。

（1）医疗费用支付办法的有效性。审计需要检查和评估支付办法是否能够确保基金的高效使用，同时也保障参保农民能够及时获得必要的医疗服务。有效的支付办法应该能够简化报销流程，减少不必要的行政负担，同时防止滥用和欺诈行为。

（2）报销范围的符合性。审计需要确认所有的报销项目是否都符合新农合政策的规定，保证基金只被用于符合资格的医疗服务和药品。此外，支付标准的公平性也需要得到审计的关注。支付标准应当公平合理，确保所有参保对象都能够在同等条件下享受到基金的支持。

（3）支付结构的合理性。审计需要评估基金支出的结构是否合理，是否能够有效支持新农合的总体目标，如促进基本医疗服务的普及、减

轻农民医疗负担等。同时，医疗机构的服务质量和医疗费用控制效果的评估也是审计的重要内容。审计需要检查医疗机构是否提供了高质量的服务，并有效控制了医疗成本，以确保基金的有效利用。

（4）报销流程的规范性。这包括审查申请报销的人员是否真正为参保对象，以及报批审批手续是否完备。这有助于防止由于人为因素和技术问题导致的基金浪费或滥用。

4. 定点医疗机构收费情况

审查定点医疗机构的收费情况的主要目的是确保定点医疗机构的收费标准和实际收费情况符合规定，不会无端增加参合农民的经济负担。考虑到定点医疗机构的收费直接影响到农民的实际医疗支出，以及新农合基金的使用效率，审计工作在这方面的重点包括以下几个方面。

（1）参合农民的住院记录。这包括检查住院时间、住院期间所进行的检查和治疗项目及其收费标准，以及使用的药品和药品价格。通过这些信息，审计可以评估是否存在多计或重计住院次数的现象，即检查医疗机构是否在不合理地增加住院次数以获取更多的费用。

（2）医疗机构是否存在多检查或滥检查的现象。这种现象可能导致不必要的医疗支出，从而增加农民的负担。审计工作需要评估医疗机构是否过度使用检查项目、是否所有的检查都是必要的，以及是否符合医疗标准。

（3）医疗机构在药品使用上的情况，尤其是是否存在过多使用新农合规定用药条目之外的药品的情况。如果医疗机构过多地使用非规定药品，可能导致大部分费用需要农民自理，从而变相增加农民的医疗负担。

（4）医疗机构的检查项目和药品价格。审计需要核查医疗机构是否执行了物价部门核定的标准，是否存在提高收费标准或无依据乱收费的问题。这不仅关系到农民的经济利益，也影响到新农合基金的使用效率和公平性。

（四）新型农村合作医疗基金审计的完善策略

尽管我国农村合作医疗基金审计工作已取得不菲成效，但在审计过程中仍暴露出一些问题，影响了基金审计工作。为了加强对基金使用的安全性、可靠性及真实性，促进惠民政策的落实，切实保障农民利益。本书特提出以下几种新型农村合作医疗基金审计的完善策略，如图 4-3 所示。

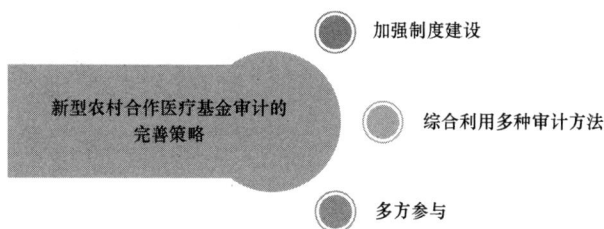

图 4-3　新型农村合作医疗基金审计的完善策略

1. 加强制度建设

制度建设不仅是保障审计活动有效性的基础，也是确保新型农村合作医疗基金能够高效、公正、透明使用的核心。完善新型农村合作医疗基金审计制度主要体现在以下几方面。

第一，建立健全相关法律法规。这包括明确审计机构的职责权限、审计对象的义务，以及审计过程中应遵守的法律规范。通过法律法规的明确，可以为审计活动提供坚实的法律支撑，确保审计工作在法律框架内进行。

第二，明确审计目标、范围和标准。审计目标应聚焦于新型农村合作医疗基金的合规性、效率和效果，确保基金的使用符合政策规定，有效支持农村医疗服务。审计范围应涵盖基金收支的全过程，包括基金的筹集、管理、分配和使用等各个环节。审计标准则需要结合国家财务、审计规定和医疗保险的特点来制定，以确保审计结果的准确性和权威性。

第三，制定合理的审计计划和程序。审计计划应充分考虑新型农村合作医疗基金的运作特点和农村医疗服务的实际情况，合理安排审计时间、内容和方法。审计程序应规范，从审计前的准备、审计过程的实施到审计后的报告编制和问题整改，每一步都需明确具体的操作流程和标准，以确保审计工作的系统性和连贯性。

第四，明确责任追究机制。对于审计中发现的问题，尤其是违规行为，应建立明确的责任追究机制。这不仅包括对违规行为的处罚，也包括对审计发现问题的整改跟踪和反馈。此外，还应建立审计结果的公开机制，增强审计的透明度，让公众能够了解审计结果及其后续处理情况。

2. 综合利用多种审计方法

（1）抽样审计法。新型农村合作医疗基金由于涉及范围广、管理对象众多，传统的详细审计方法在经济、技术和资源上都面临挑战。因此，引入抽样审计法，对于提高审计的效率和质量具有重要意义。

抽样审计法是指审计人员在众多审计对象中随机选取一定数量的样本进行审计测试，然后根据测试结果推断整体情况，作出审计评价。这种方法的关键在于样本的选择必须代表整体，且抽样过程需遵循科学的抽样原则和方法，以确保样本的代表性和随机性。抽样审计法的优点在于：① 提高审计效率，通过对有限样本的审计，可以在较短时间内对整个新型农村合作医疗基金的运作情况进行评估，大幅度提高审计工作的效率；② 节约审计资源，抽样审计减少了需要审查的项目数量，从而节省了人力、物力和财力资源，特别是在资源有限的情况下，这种方法显得尤为重要；③ 减少审计风险，与对审计对象总体中的部分项目进行审计相比，抽样审计通过科学的方法选择样本，减少了因审计覆盖面不足而带来的审计风险。

利用抽样审计法时，需要注意的有：一是要确保样本的代表性，样

本的选择必须能够反映整个审计对象的实际情况，避免偏差；二是要强化审计测试的深度和质量，虽然只对部分样本进行审计，但应加强对这些样本的深入分析和测试，以确保审计结果的准确性；三是要灵活运用抽样结果，在推断总体情况时，应考虑样本的特点和限制，谨慎处理数据，避免过分概括或简化。

（2）逆查测试法。逆查测试法是指从基金的支出明细入手，逐步追溯到相关的医疗记录和凭证，以验证交易的真实性和合规性。

逆查测试法有以下作用：① 验证支出的真实性和合规性，通过逆查测试法，可以有效验证医疗支出的真实性，确保基金支出用于合法、合规的医疗服务；② 发现和预防欺诈行为，该方法有助于揭露编造虚假资料、骗取医疗资金等不法行为，保护参合农民的利益；③ 增强审计的针对性和深度，逆查测试法强调对具体事项的深入审查，提高了审计的针对性和深度。

逆查测试法的实施过程如下：审计人员首先从新型农村合作医疗基金的支出明细账开始，选择部分审批单作为样本。然后，追溯至相应的合作医疗登记台账、处方、病历、住院记录、收费记录、出院结算记录，甚至进行农户调查。通过审阅这些相互关联的凭证，可以验证基金支出的真实性和合规性。在实施时需要注意：① 选取样本时，应使用分析性复核的方法，结合医疗机构的不同特点和指标进行纵向和横向比较，确保样本的代表性和审计的全面性；② 对于选取的样本，需要对医疗机构在不同时间段的指标变化进行纵向对比，以及不同医疗单位在相同时间段的指标进行横向比较，以揭示异常或不规则模式。

（3）效益评估法。国家在推行新型农村合作医疗中投入了大量的补助资金，也就是说新型农村合作医疗基金最主要的资金来源是财政补助收入。因此，资金使用效益的评估也是审计的重点内容。

效益评估法着重于全面分析和审视基金管理和使用的各个方面，包括评估管理机构的运行效率、资金分配的合理性，以及参合农民从中获

得的实际利益。这种评估不仅涉及财务数据的分析，还包括对政策执行过程中的合规性、公平性和效率的综合评价。例如，在评估资金使用效益时，需要考量是否存在资金的超支或闲置现象。超支可能意味着资源的浪费或管理不善，而资金的闲置则可能暗示效率低下或需求评估不准确。此外，审计还需关注参合农民报销医药费的公平性和合理性。这不仅涉及对资金分配机制的评估，还包括对参合农民受益情况的综合考量，以确保基金能够公平、有效地惠及目标群体。效益评估法还应关注参合农民个人缴费的问题，这关系到整个新型农村合作医疗保险制度的可持续性和公平性。通过对这些关键点的细致审视，可以找出管理和使用中的症结，为进一步优化政策和提高管理效率提供依据。

（4）内控测评法。内控测评法主要是对新型农村合作医疗基金管理中的内部控制系统进行全面的审查和评估。这包括对内部控制设计的健全性和合理性进行调查，确定关键控制点是否存在，以及内部控制是否符合制衡原则。此外，还需要测试内部控制执行的有效性，找出管理中的薄弱环节。

内控测评法的实施步骤如下。① 内部控制设计评估。评估内部控制系统的设计是否能够有效地防止或发现错误和舞弊，包括审查制度、流程、职责分工等。② 关键控制点的确定与测试。确定关键的控制点，如资金的分配、使用和报销等，测试这些控制点的有效性，确保它们能够正确运作。③ 执行效果的测试。通过抽样或具体案例测试内部控制措施的执行情况，评估其在实际运作中的有效性。④ 管理薄弱环节的发现与改进建议。通过内控测评，可以发现管理中的薄弱环节，并提出具体的改进建议。

内控测评法的应用价值在于：① 提高基金管理效率和安全性，通过内控测评，可以帮助基金管理机构发现和堵塞管理漏洞，提高管理水平，保障资金的安全运行；② 促进制度和流程的优化，内控测评可以揭示现有管理制度和流程的不足，为进一步完善管理制度和优化流程提供依据；

③ 减少错误和舞弊的可能性，强化内部控制，可以有效减少因管理不善导致的错误和舞弊行为。

3. 多方参与

新型农村合作医疗基金的审计工作，考虑到其涉及范围广泛和对公众利益的重大影响，需要超越传统的政府单一审计模式，引入多方参与机制。这种机制不仅可以提高审计的透明度和公众参与度，还有助于提升审计的效率和质量。

（1）引入第三方审计机构。新型农村合作医疗基金的审计工作通过引入第三方审计机构，可以在很大程度上提升审计的独立性和客观性。第三方审计机构由于不受基金管理和运作的直接影响，能够更加客观公正地开展审计工作。此外，第三方机构通常具备专业的审计技能和丰富的经验，能够对基金的运行进行更为深入和全面的分析，尤其在揭露潜在的问题和风险方面展现出更高的效率。第三方审计机构的参与还能为政府审计提供有效的补充，特别是在技术专业和资源分配方面。通过这种方式，可以实现审计资源的优化配置，同时提高整个审计过程的透明度，增强公众对基金运行的信任。

（2）鼓励公众举报和监督。鼓励公众参与举报和监督是提高新型农村合作医疗基金审计工作质量的重要策略。公众作为基金的最终受益者，对基金的管理和使用有着直接的利益关系。通过建立有效的举报和监督机制，可以鼓励公众参与到基金的监管中来，为审计工作提供第一手的信息和反馈。例如，对于基金使用的不当行为，公众可以通过举报渠道直接向审计机构或相关管理部门反映。这样不仅能够拓宽审计的信息来源，还能及时揭露和纠正基金管理和使用中的问题，提高基金的透明度和公众对基金运行的信任度。同时，公众监督的加强还有助于形成良好的社会监督氛围，促进基金管理的规范化和制度化。

（3）与其他社会保障项目的协调合作。新型农村合作医疗基金审计

的有效性还可以通过与其他社会保障项目的协调合作来进一步提升。这种跨领域的合作有助于共享审计资源、统一审计标准和流程，从而提高审计工作的效率和效果。例如，基金审计可以与医疗保险、养老金等其他社会保障项目的审计工作相结合，通过信息共享和经验交流，提升审计方法的科学性和合理性。此外，不同项目间的协作还可以促进各个项目之间的管理经验和技术的相互学习，有助于发现和借鉴更加高效和有效的管理和审计方法。这种合作不仅有利于提高单个项目的审计质量，还能促进整个社会保障体系的优化和完善，从而更好地服务于公众的利益。

二、农村义务教育资金审计

（一）义务教育资金概述

义务教育是由国家法律规定的适龄儿童和青少年必须接受的具有一定年限的，并且学校、家庭、社会必须予以保证的一种强制的、免费的教育，主要包括两个层面的内容：一是适龄学生有权利同时也有义务接受义务教育；二是国家和政府有责任提供并保证义务教育的实现。我国实行的义务教育政策不仅保证了贫困家庭孩子受教育的基本权利，同时还具有一定的社会保障功能。

义务教育资金主要包括学生公用经费、教师工资经费、学校建设经费等。农村义务教育存在着量大面广、基础薄弱、任务重、难度大的特点，特别是国家为了解决"三农"问题，实施了农村税费改革和"两免一补"政策，原先的农村教育费附加和学杂费都取消了，农村义务教育经费严重不足，对此，国家将原先"以乡为主"的教育投入体制改为"以县为主"的教育投入体制，同时，实行了农村义务教育资金转移支付制度，加大了对农村义务教育的投入。

（二）农村义务教育资金审计的意义

1. 确保资金使用的合规性和效率

农村义务教育资金审计在确保资金使用合规性和提升效率方面起着至关重要的作用。这种审计不仅监控资金是否按照国家规定和教育政策进行分配和使用，而且还评估资金管理和使用的效率。在资源有限的农村地区，这一点尤为重要，因为这些地区经常面临资金短缺的问题。有效的审计可以揭示资金管理中的问题，如不恰当的支出、资源浪费或潜在的贪腐行为，从而促使相关部门采取措施加以纠正。此外，通过审计可以确保资金真正用于提升教育质量，如改善教学设施、提供必要的教学材料和保障教师工资。这种严格的监督和评估机制确保了公共资金的合理利用，增强了整个教育体系的透明度和公信力。

2. 促进教育公平和质量提升

审计工作在促进教育公平和提升教育质量方面发挥着关键作用。通过审计，可以在一定程度上确保所有学生，尤其是处于边远和贫困地区的学生，能够获得平等的教育机会。这是通过监控和评估教育资金的分配和使用来实现的，确保资金能够到达最需要的地方。例如，审计可以揭示哪些学校或地区在资源分配上被忽视或被不公平对待，从而促使相关部门采取行动纠正这种不平等。此外，审计还可以评估资金在提高教育质量上的效果，如改善学校的基础设施、提供更好的教学材料和设备，以及提高教师的教学水平。通过确保资金在这些关键领域的有效使用，审计有助于提升教育的整体质量。

3. 反映和推动政策调整和优化

审计不仅是一种财务监督工具，更是政策制定和实施的反馈机制。

通过对农村义务教育资金的审计，可以评估现行教育政策的执行情况和效果，揭示政策实施中的问题和挑战。例如，审计可以发现资金分配不公、管理不善或者实施效果不佳的情况。这些发现为政府和决策者提供了重要的决策依据，帮助他们了解政策在实践中的实际效果，从而进行必要的调整和优化。此外，审计结果还可以揭示新的趋势和需求，为制定更有效的教育政策提供参考。因此，审计不仅有助于现有政策的改进，还能为未来的政策方向提供指导，促使教育体系更加适应社会和经济发展的需要。

（三）农村义务教育资金审计的主要内容

1. 财政对农村义务教育经费投入的总体状况和增长变化趋势调查

这一部分的审计关注的是各级财政对农村义务教育的资金投入情况，包括资金的总量、分配方式，以及增长的变化趋势。审计人员需要评估《义务教育法》的执行情况，特别是各级政府在资金投入上的主体责任是否得到有效落实。这涉及对政策执行的合规性进行检查，确保教育经费符合法律法规的规定，并且与国家教育目标和地方实际需求相一致。

2. 农村义务教育经费的预算保障情况调查

这方面的审计着重于农村义务教育经费的预算保障情况。主要包括对农村义务教育经费支出标准和预算定额的审查。审计人员需确定这些预算是否足够、合理，并且是否能够满足农村地区学校的实际需求。此外，还需要检查预算分配和使用的公平性，确保经费能够合理分配到每一个需要的领域。

3. 农村义务教育经费具体管理使用情况调查

这方面的审计主要关注资金是否被合理、合法和有效地使用，以及

资金的使用是否达到了预期的教育目标和效果。这包括对资金使用的透明度、效率，以及是否存在浪费或滥用等情况进行细致的审查。

4. 农村义务教育各项收费情况调查

对农村义务教育的各项收费情况进行审查主要是为了规范收费行为，推动治理乱收费政策措施的全面落实，减轻农民和学生的经济负担。审计人员要检查各种收费是否符合国家规定，是否存在不合理的额外收费，以及这些收费是否得到了妥善的管理和使用。

5. 农村义务教育负债情况调查

考虑到某些地区农村义务教育负债率高的现象，有必要对负债情况进行调查。这需要分析负债产生的原因，评估其对教育质量和运行的影响，并提出相应的解决建议。审计的目的在于识别和解决可能的财务风险，确保教育经费的可持续性。

（四）农村义务教育资金审计面临的主要问题及创新策略

对义务教育中的财政资金投入，政府在审计监督方式和思想认识上存在诸多问题，表现为思想认识缺位，监督方式滞后、缺乏独立性和强制性，监督信息技术手段落后，重视事后审计，轻视事中监督，偏重微观审计监督、忽视宏观审计监督等。因此，必须创新义务教育财政投入审计监督方式，加强理论研究，实行全过程审计监督转变，并逐步向强化宏观审计监督转变，同时运用现代科技手段提高审计监督方式的效率，严格落实财政投入审计结果问责制。

1. 农村义务教育资金审计面临的主要问题

（1）思想认识缺位。农村义务教育资金审计面临的一个主要问题是思想认识的缺位。目前，对于创新义务教育财政投入的审计监督方式，

存在着普遍的认识偏差。一些领导对于义务教育财政投入的审计监督重视不够，误认为中小学校非生产经营单位，审计监督作用有限，甚至将其视为寻找问题、挑刺的负面行为。还有观点认为，相比于其他财政支出，义务教育财政投入规模较小，不足以引起关注。这种观念导致了审计监督被边缘化，认为其对义务教育事业发展的直接贡献有限。这种思想认识上的偏差严重影响了审计监督工作的有效开展，使得审计监督难以满足形势发展的要求，进而影响了审计监督效果和作用的发挥。缺乏对审计监督重要性的认识，不仅妨碍了教育资金的有效利用和管理，还可能导致资源浪费和腐败现象的发生，阻碍义务教育事业的健康发展。

（2）过度依赖事后审计，而忽视事前和事中审计。长期以来，由于审计监督职能的限制、人员数量和素质的局限，义务教育财政投入审计监督方式主要集中在事后审计，这导致了审计监督的滞后性和不科学性。这种的审计监督方法往往无法及时发现和预防问题，例如，各项专项资金的挪用、浪费，以及使用效益不高的现象在多个省份普遍存在。当前的审计偏好忽视了事前和事中的审计监督，导致对违法违纪行为的产生和发展缺乏有效的预防和制约。结果是，无法在问题发生之前进行有效干预，也无法在事件发展过程中进行实时监控和调整。此外，对于事中审计监督的建立不足，意味着缺乏对义务教育经费运行的及时检测、预警和规范，导致审计监督在整体性和源头性上的作用大打折扣，无法有效防范和解决问题。

（3）审计方式单一，重微观审计，忽视宏观审计。当前的审计职责范围和内容受到主观因素的制约，导致审计监督方式过于集中于微观层面，如对特定问题的专项审计、清查"小金库"、审计学校收费管理和使用情况等，而对于宏观问题，如教育经费预算编制与执行的审计监督不够到位。这种偏重于微观层面的审计无法全面反映和解决农村义务教育资金的整体问题。因此，审计监督需要从单一的微观审计转向更加平衡的微观与宏观审计相结合的方式，以全面分析和解决农村义务教育资金

的问题，确保教育经费的充足和有效利用。

（4）审计监督的独立性不够。尽管《审计法》规定审计机关应独立行使审计监督权，但在实际操作中，由于审计监督在我国体现为政府内部监督的职能部门型，其独立性并不如委托型审计制度和审计法院型制度。这种模式下，审计机构在监督政府的同时，还需受政府领导，且缺乏对被审计单位人事任免权和行政处分权，使得审计往往只能针对事务而非责任人，难以实现真正的独立性。此外，审计监督职能职责的不明确、部分审计人员观念陈旧、依法行政认识不足，以及缺乏有效的问责机制，均导致审计监督制裁软弱无力。在实践中，双重领导体制下的审计监督和教育行政监察难以发挥有效作用，常见问题反复出现，责任人缺失，处罚不严，导致审计监督效果大打折扣。这种情况下，审计监督难以有效防止违规行为的重复发生，无法充分发挥保障义务教育财政资金健康运行的作用。

2. 农村义务教育资金审计的创新策略

农村义务教育资金审计的创新策略如图 4-4 所示。

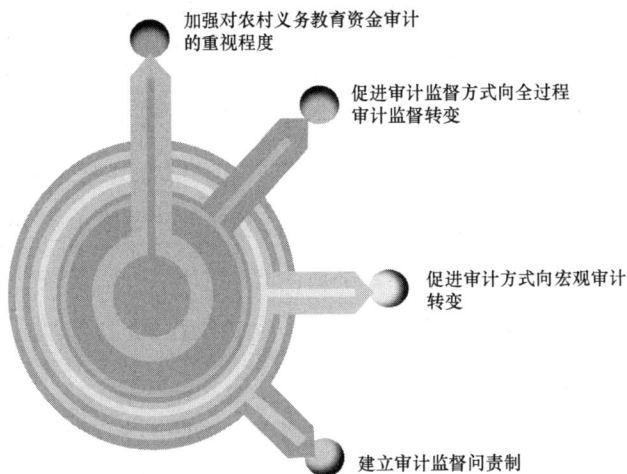

图 4-4 农村义务教育资金审计的创新策略

加强对农村义务教育资金审计的重视程度

促进审计监督方式向全过程审计监督转变

促进审计方式向宏观审计转变

建立审计监督问责制

（1）加强对农村义务教育资金审计的重视程度。需要重新认识并科学定位义务教育资金审计的重要性和紧迫性。目前，关于义务教育财政投入审计监督方式的理论研究相对滞后，范围和内容狭隘，难以满足新形势下审计监督的新要求。因此，加强这一领域的理论研讨工作显得尤为必要。通过举办理论研讨会或经验交流会等多种形式，可以促进审计监督方式理论的总结、评议和交流。这样的理论探讨有助于提高对义务教育财政投入审计监督方式的认识水平，从而明确审计监督方式的正确定位，改变当前"缺位""错位"的混乱现状。要采用科学发展观统领审计监督方式研究，转变现有审计监督方式观念，加强领导和重视审计监督方式的实践，不断创新和加强义务教育资金审计方式的理论研究，对于提高审计工作的效果至关重要。

（2）促进审计监督方式向全过程审计监督转变。随着违法违纪方式的复杂化、隐蔽化和高科技化，传统的事后审计监督已不足以满足新形势的要求。因此，必须转向全过程审计监督，强化事前、事中审计监督，以及必要的事后审计监督相结合的监督手段。这种转变将形成一个系统的、强有力的审计监督体系，关注审计监督的每个节点。事前审计主要围绕义务教育所需费用预算编制进行，要求审计监督介入预算编制环节，确保政府严格按义务教育法编制财政预算。事中审计监督需要及时掌握各级政府的义务教育经费预算执行情况，确保资金符合《义务教育法》规定，并充足到位。此外，事后审计监督依然保持其查弊堵漏、亡羊补牢的保障作用。总之，通过将审计监督活动贯穿于义务教育资金的预算、使用全过程，实现事前、事中、事后全过程的审计监督机制，可以更有效地发现并纠正问题，减少和防止损失浪费及违法违纪问题，从而提高审计监督的效果。

（3）促进审计方式向宏观审计转变。这意味着重点不仅仅在于审计具体的财务操作，而更在于围绕义务教育经费的财政预算编制和预算执行等宏观层面进行审计监督。应加强对义务教育经费财政预算编制情况

的审计监督，确保预算编制的公正性、合法性和合规性。这涉及政策制定、预算编制、资金分配范围和标准等多个方面的审查。强化对义务教育经费财政预算执行情况的审计监督至关重要，这不仅包括对资金拨付和到位情况的监督，还涉及对资金使用效率的审查，以防止资金的截留、挪用和浪费。同时，还应根据《审计法》规定，对义务教育财政预算是否满足资金需求、是否符合相关法律规定、国库集中支付监督、专项资金和大额款项的拨付等方面进行审计监督。此外，对地方义务教育财政专项资金的立项、批准下拨、使用等环节的审计监督，以及对政府承担的义务教育新机制资金落实情况的审计监督也非常关键。这种全面的宏观审计监督策略有助于确保义务教育经费的充足到位，促进经费使用的高效性，提高义务教育财政投入的整体效益。

（4）建立审计监督问责制。根据新的《义务教育法》，各级政府对义务教育的投入负有明确的责任，因此，引入问责制对于确保政府责任的落实至关重要。需要通过法律和法规确立承担义务教育财政投入不到位的政治责任标准，明确政府决策失误和失职渎职的程度及所造成的损失，并据此对相应级别的党政领导进行政治责任追究。应通过改革和完善人民代表大会的质询、罢免、撤职、免职制度，建立和规范责任追究的形式和程序。参考发达国家的经验，人大可以通过弹劾、罢免问责官员，甚至提出不信任案要求责任官员辞职的方式，对政府官员进行常态化、制度化的质询。此外，为了加强义务教育财政投入审计监督和检查工作，应引入责任追究制度。这包括建立明确的岗位责任，对不按义务教育法规定落实应负担义务教育经费的，以及主要领导和直接责任人实施行政处分，落实问责制度和责任追究制度。这样的措施将增强政府对义务教育资金投入的责任意识，确保义务教育经费的充足投入和合理使用，从而促进农村义务教育的健康发展。

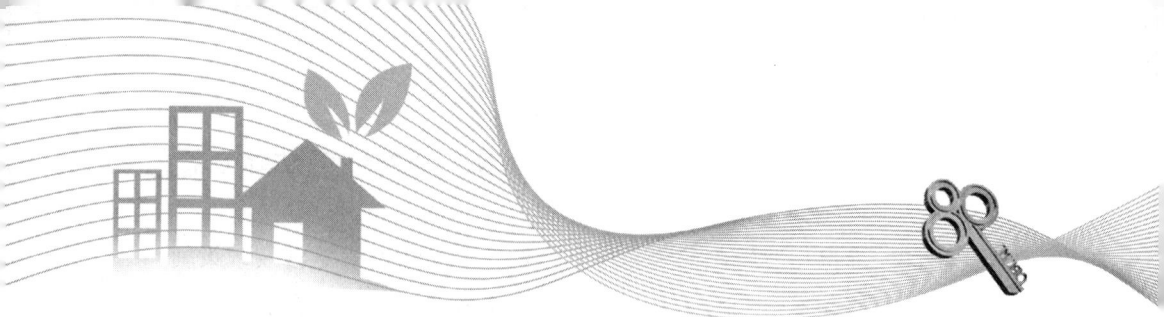

第五章 乡村振兴政策落实跟踪审计创新

在当前全面推进乡村振兴的关键时期，乡村治理体系和治理能力的现代化建设显得尤为重要。乡村振兴政策的实施是实现这一目标的核心举措，而对这些政策落实情况进行有效的跟踪审计，则是保证其实施效果、促进政策优化和提升治理效能的重要手段。本章旨在深入探讨乡村振兴政策落实跟踪审计创新的理论与实践。

第一节 乡村振兴政策落实跟踪审计概述

一、相关概念界定

（一）公共政策

公共政策是政府为解决国家和社会的公共问题、实现公共利益与目标而制定和实施的纲领性文件和行动计划。它通常通过政府工作计划、指示、法律法规、行政法规等形式表现，引导和规范目标对象的现实行为。公共政策一般有以下特征。

1. 体现国家意志

公共政策直接反映了国家的意志和目标，是政府行使其职能、对国家和社会进行管理和引导的重要工具。通过公共政策，政府能够在各种公共事务中发挥关键作用，影响社会的发展方向和公民的行为模式。

2. 解决公众需求问题

公共政策的核心目的是解决公共需求的问题，满足社会公众的期望和需求。这些政策通常围绕社会公共利益的实现，涉及经济、社会、文化、环境等多个领域，旨在提升公民的生活质量和社会的整体福祉。

3. 实施需要国家强制力

公共政策的实施往往需要依赖国家的强制力。政府利用其权力和资源，通过立法、行政等手段确保政策的有效执行和落实。

依据公共政策的周期理论，公共政策从制定到实施主要分为五个阶段，分别是制定、实施、终止、监督、评估。公共政策内容广泛且复杂，具体包含了微观经济和宏观经济政策，政府可以借由公共政策对国家社会经济建设进行管理，对国内社会主义市场经济体制进行全面发展布局。

乡村振兴政策作为公共政策的一种，主要目的是解决国内的"三农"问题，通过政策在文化、产业、人才等方面的引导，促进乡村的全面发展，建设美丽宜居的乡村环境。它在我国脱贫攻坚战取得成果后，成为推动农业增产、农民增收和乡村繁荣发展的关键政策。乡村振兴政策不仅涉及经济发展，还关乎社会进步和文化繁荣，是实现乡村全面振兴的重要手段。

（二）政策落实跟踪审计

跟踪审计指的是审计机关在国家相关法律政策法规的指导下，介入被审计事项的某个发展环节，并随着经济发展研究过程持续进行的动态

管理监督学习活动。它不同于传统的事后审计，跟踪审计着重于整个过程的监督，更加强调对被审计对象的动态跟踪和实时监控，以便更加深入地了解事项的进展和实施效果。这种审计模式能够及时发现问题、指导调整，从而提高管理效率和政策执行的效果。

政策落实跟踪审计则是将公共管理政策环境审计与跟踪审计相结合的一种审计形式。它是在法定职权范围内，对公共政策体系、政策过程及其影响进行的监督和评价。这种审计特别注重政策的执行情况、执行效果，以及政策目标群体对政策效果的满意度。通过对政策实施的全面跟踪，政策落实跟踪审计能够及时发现政策执行过程中的问题，评估政策的实际效果，从而为政策调整和优化提供依据。这种审计方式有助于保证政策的有效实施，提高公共政策的实施效果，确保政策目标的实现。

根据政策执行中纠偏机制的不同，政策落实跟踪审计可分为政策执行过程审计和政策执行效果审计。政策执行过程审计主要关注政策是否能够得到全面和有效的执行。政策执行过程审计的核心在于监督政策的实施过程，确保政策按照既定的程序和标准执行，从而保障政策的合规性。这种审计强调对政策实施过程中的每个环节进行监控，如政策的传达、执行者的行为和过程中的各种决策等。政策执行过程审计的目的是确保政策执行按照预定的路径进行，避免偏离政策目标和原则。与过程审计不同，政策执行效果审计更多地集中于政策执行的结果，评估政策预期目标的实现程度，以及政策所产生的影响和效果。这里的关键是对政策实施后的成果进行量化和定性分析，以判断政策是否达到了预期效果、是否存在潜在的负面影响，以及政策是否需要调整或完善。

根据审计载体的不同，政策落实跟踪审计可以分为政策措施审计、政策项目审计和政策资金审计。政策措施审计主要关注政策管理措施的制定和执行情况。审计内容包括是否及时制定了与政策目标一致的配套措施，这些措施是否得到有效执行，以及是否提高了监督检查的效果。这不仅涉及合规性审计——即措施是否符合相关政策和法规要求，还涉及绩效

审计——即这些措施是否达到了预期效果。政策项目审计关注特定政策项目的财务合规性、业务合规性和管理制度的稳健性，同时也评估项目运行的效果。政策资金审计侧重于政策性资金的投入、分配、管理和使用，同时重点评价资金使用的效果。这种审计类型的目的在于确保资金的有效利用，并评判资金使用对于政策目标实现的影响，属于绩效审计的范畴。

（三）乡村振兴政策落实跟踪审计

乡村振兴政策落实跟踪审计是一种专门针对乡村振兴政策实施情况的审计活动，旨在对政策的执行过程、成效及其对目标群体产生的影响进行全面的监督和评价。这种审计形式不仅关注政策实施的合规性，也深入探究政策实施的有效性和效率。

在乡村振兴政策落实跟踪审计中，审计机构会通过对政策制定、执行、结果等各个阶段的细致观察和分析，确保乡村振兴政策能够按照预定目标和标准得以执行。这种审计活动通过跟踪和评估政策实施的每一步，能够及时发现问题和不足，提出改进建议，从而为政策的调整和优化提供依据。乡村振兴政策落实跟踪审计的目的在于确保政策能够有效解决"三农"问题，促进农业、农村和农民的全面发展。

乡村振兴政策落实跟踪审计有以下特点，即审计过程的阶段性、审计对象的广泛性和审计内容的时效性，如图 5-1 所示。

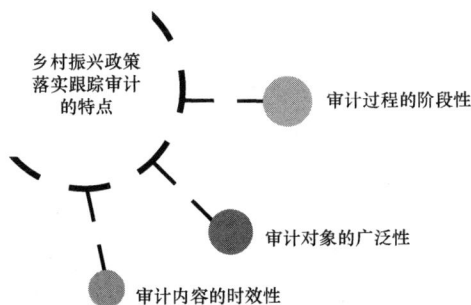

图 5-1　乡村振兴政策落实跟踪审计的特点

1. 审计过程的阶段性

乡村振兴政策落实跟踪审计不是一个简单的、一次性的评估，而是一个分阶段进行的持续过程。在不同的实施阶段，审计的重点和方法可能会有所不同。例如，在政策实施初期，审计可能集中于政策部署和资源配置的合理性；在政策实施过程中，则可能着重于监督政策执行的进展和中间结果；而在政策实施后期，则更多地关注政策成效和长远影响。这种阶段性的审计使得审计机构能够及时发现问题，并提供实时的反馈和建议，从而确保乡村振兴政策能够顺利实施并达到预期目标。

2. 审计对象的广泛性

乡村振兴政策落实跟踪审计涉及的审计对象非常广泛。这不仅包括政策的制定和执行机构，如政府相关部门、地方政府等，还包括政策的受益主体，例如，农民、农村企业和其他农村社会组织。此外，审计还可能涉及政策实施过程中涌现的各种合作伙伴和利益相关者，包括非政府组织、私营部门等。这种广泛性要求审计机构具备广泛的视角和深入了解各方面情况的能力，以确保能够全面评估政策的实施情况和影响。

3. 审计内容的时效性

乡村振兴政策落实跟踪审计还特别强调审计内容的时效性。由于乡村振兴政策的目标和任务会随着经济社会发展和农村实际需求的变化而调整，审计内容也需要及时更新以适应这些变化。审计机构需要密切关注乡村振兴政策的最新发展，及时调整审计计划和重点，确保审计内容与当前政策目标和执行情况相匹配。这种时效性要求审计机构具备灵活的工作方式和快速响应的能力，以确保审计能够有效地促进政策实施和目标的实现。

二、乡村振兴政策落实跟踪审计的意义

乡村振兴政策落实跟踪审计具有重要的意义，这主要体现在以下三个方面。

（一）确保政策有效实施

跟踪审计能够确保乡村振兴政策不仅在理论上制定得当，而且在实践中得到有效执行。通过对政策实施过程的监督，审计能够及时发现和纠正执行中的偏差或问题，如资源分配不均、项目延误、资金滥用等。这种持续的监控和评估确保政策目标与实际操作之间的一致性，从而提高政策的实施效率和效果。

（二）促进资源优化配置

乡村振兴政策涉及大量的公共资源，如资金、土地和人力。跟踪审计通过对这些资源的使用情况进行评估，帮助确保资源被有效和透明地利用。审计可以揭示资源使用中的不合理之处，如浪费、滥用或不公平地分配，从而促使相关部门优化资源配置。这不仅有助于提升资源的使用效率，还能促进公平和社会正义。

（三）提升政策透明度和公众信任

乡村振兴政策落实跟踪审计增强了政策执行的透明度，提升了公众对政策实施的信任。通过审计结果的公开，公众能够更好地了解乡村振兴政策的实施情况和成效，这有助于提高政府的公信力和政策的社会认可度。同时，公众对政策实施的了解和信任对于政策的成功实施至关重要，因为这能增强公众参与和支持，从而促进政策目标的实现。

三、乡村振兴政策落实跟踪审计的理论框架

（一）审计主体

乡村振兴政策落实跟踪审计涉及多个审计主体（见图 5-2），每个主体都在确保政策正确实施和有效监督中发挥着独特的作用。

图 5-2　乡村振兴政策落实跟踪审计的主体

1. 国家审计机关

国家审计机关，包括审计署，以及省、市、县级审计机关，是乡村振兴政策落实跟踪审计的主要执行者。审计署负责对乡村振兴相关的审计工作进行整体规划和定期审计，同时对审计工作进行指导和培训。省级审计机关则负责统筹本省的乡村振兴审计工作，制定审计方案并汇总审计结果报送审计署。市县级审计机关根据上级的指导，结合当地的实际情况，着重对相关政策、资金和项目进行审计监督。这些机关的工作确保了乡村振兴政策的实施不仅符合法规要求，而且有效率和有效果。

2. 社会审计组织

社会审计组织以其专业性和完善的审计流程与制度，作为国家审计的辅助力量，参与政策落实跟踪审计的各个环节。国家审计机关可以通过购买服务的方式，将部分审计工作委托给这些机构。这些组织通过与审计机关的协作，能够提供专业的视角和深度分析，为审计结果的准确性和全面性提供保障。

3. 内部审计机构

内部审计机构，如税务和财政部门，在国家审计需要时提供协助。这些部门内部的审计人员对自身业务流程的熟悉和对相关数据的即时获取能力，能够有效快速地支持国家审计机关的工作。他们的协助对于确保政策落实跟踪审计的效率和质量至关重要。

4. 其他参与方

乡村振兴政策的终极目标是提升农民的生活水平，因此，政策的受益对象，即农民和农村社区，也是重要的审计参与方。国家审计可以从政策受益者的满意度出发，进行逆向审查，与账面数据进行双向验证。同时，由于利益相关，政策受益者也可以对政策落实及其效果进行主动监督，并通过公开平台向审计机关反映情况。

（二）审计客体

乡村振兴政策落实跟踪审计的审计客体涵盖了乡村振兴政策实施的各个层面和部门，包括产业发展、生态建设等多个方面。由于乡村振兴政策的广泛性和多样性，涉及的部门包括但不限于财政、农业农村、发展和改革、自然资源、人力资源和社会保障、残疾人联合会、工商等相关主管部门和单位。这些部门在乡村振兴政策的制定和执行中扮演着关

键角色，是审计工作的重要对象。在乡村振兴政策跟踪审计实践中，审计人员应自上而下，对政策展开具体详细的分析与研究，找到各地具体的相关政策与配套措施，以及政策实施过程中会具体牵扯的地方政府、主管部门等。

此外，审计客体还包括不同级别的同类部门。国家层面负责乡村振兴政策的顶层设计，制定战略总规划和总要求。但由于我国的地域差异显著，各个省级行政区的农村特点、农业特色和发展方向存在差异，因此，各地区会根据国家的总规划，结合本地的实际情况，对政策措施进行细化分解。在进行跟踪审计时，需要考虑这些差异化的政策实施情况。从垂直角度看，审计的最基层客体包括基层乡镇政府和村级组织。这些基层单位在政策的具体实施中扮演着至关重要的角色，是连接政策与民众的桥梁。审计这些基层单位有助于确保政策从顶层设计到基层实施的有效性和连贯性。

（三）审计内容

由于每个省份乡村各具特色，乡村振兴的政策内容不尽相同，因此，审计工作的重点内容也不一样。具体审计实践中，审计人员应该结合党中央、地方发布的指导乡村振兴工作的一号文件，以及各类指导性文件，合理确定审计内容。总体上看，审计的重点内容如下。

1. 保障国家粮食安全方面

保障国家粮食安全是国家战略的重要组成部分，2023 年"中央一号文件"就特别强调了粮食和重要农产品供给的稳定。在此背景下，保障国家粮食安全政策跟踪审计聚焦于若干关键项目的审查，如农产品仓储保鲜冷链设施建设、粮食产后服务项目，以及粮食生产保障等。审计的主要目的是确保这些关键项目能够有效地推进，质量达标，设备得到充

分利用，并且项目能够取得预期的效果。同时，还关注诸如生猪保险等优惠扶持政策的实施情况，确保政策得到有效落实。

2. 乡村产业发展方面

乡村产业发展是乡村振兴的关键。通过发挥当地农业条件和地域特色，发展优势产业对于推动农村经济发展至关重要。乡村产业发展政策跟踪审计主要关注三个方面：审查当地是否制定和落实了乡村产业发展的相关政策和支持措施，这包括财政政策、税收优惠政策、支持小微企业和青年农民创业企业的政策。审查第一、第二和第三产业融合发展的情况，包括产业园区、科技园区、产业强镇的运营情况，以及电子商务进农村示范项目的效益。审查产业发展过程中可能出现的补贴资金闲置、骗取、套取、挪用等现象，以及产业发展政策是否真正促进了当地产业的发展和农民收入的增加。

3. 农村人居环境整治方面

农村人居环境整治是乡村振兴政策的重要组成部分，旨在改善农村居民的生活条件和生活质量。农村人居环境整治政策跟踪审计主要关注政策的制定和实施情况，包括村庄规划、基础设施建设（如水、电、路）、环境卫生整治、绿化美化等方面。审计的核心是评估政策是否得到有效实施，工程建设是否符合规划和标准，以及整治工作是否达到了预期效果。这类审计还会关注政策执行中的资金使用情况，确保资金得到合理有效地使用，不仅仅是为了改善农村的物质环境，更是为了提升农村居民的生活质量和幸福感。

4. 农村文化与道德建设方面

农村文化与道德建设政策跟踪审计旨在评估和监督农村文化与道德建设政策的实施效果。这一审计内容关注的是如何通过文化和道德建设

提升农村社区的整体素质和生活水平。这包括对乡村文化活动的推广、乡风文明的建设、农村公共文化服务设施的建设与利用，以及农村道德模范的培育与表彰等方面的审查。在进行农村文化与道德建设政策跟踪审计时，审计机构需要评估政策制定的合理性、实施的有效性，以及实施结果对农村社区的实际影响。审计关注点包括政策是否能够满足农村居民的文化需求、是否有助于提升农民的道德水平和文化素养，以及政策实施是否能促进乡村社会和谐与进步。通过这种审计，可以确保农村文化与道德建设政策不仅仅停留在纸面上，而是真正落实到了乡村生活的各个方面。这对于推动农村精神文明建设、提升农民的整体素质、塑造良好的乡村文化环境具有重要意义，从而为实现乡村振兴战略目标提供了坚实的文化和道德支撑。

5. 人才振兴方面

人才振兴是乡村振兴的基础，要创新乡村人才工作体制机制，充分激发乡村现有人才活力，把更多城市人才引向乡村创新创业。人才振兴政策跟踪审计主要关注以下几个方面。

（1）新型职业农民政策体系建设情况。审计人员应考察政策是否包括对农民进行现代农业技术教育的措施，提供市场信息和经营管理知识，以及支持创新和可持续农业实践；政策是否涵盖了对年轻和新进入农业领域的人才的特别关注，以及是否有鼓励年轻人参与农业的措施；应评估新型职业农民政策体系在实施过程中的效果，包括政策对农业生产效率、农产品质量、农民收入、乡村社会经济发展等的影响。

（2）人才管理职能部门的简政放权进展情况。评估政府在简化行政程序、下放决策权限方面的进展，以及这些措施如何影响乡村人才的管理和发展；检查人才管理机构是否有足够的自主权来实施地方适用的人才政策，包括在人才引进、培训、激励和留存等方面的策略；考察简政放权是否促进了更多创新和有效的人才管理实践，以及这些措施是否有

助于更好地满足乡村振兴的特定需求。

（3）人才政策的制定与执行情况。审计应检查乡村振兴政策中关于人才培养和吸引的具体措施，如政策是否切实可行，以及在实施过程中是否存在差距。

（4）人才与乡村振兴项目的结合。评估人才如何被纳入乡村振兴的各类项目，例如，在农业科技、乡村旅游、绿色发展等方面的参与。

（5）人才教育与培训投入情况。关注各地区在人才培养上的资金投入和实施效果，特别是针对搬迁劳动力的技能培训和创业培训，以及职业农民教育培训的质量和条件。

6. 投融资机制建设方面

在乡村振兴政策落实跟踪审计中，投融资机制建设方面的内容至关重要。以下是该领域审计应关注的几个关键点。

（1）投融资政策的制定与实施情况。评估乡村振兴战略中关于投融资的政策制定是否适应乡村的实际需求，包括资金来源、投资方向、资金使用效率等。关注政策是否鼓励和吸引了私人投资者和企业参与乡村建设，以及政府资金是否得到了有效利用。

（2）融资渠道的多元化建设情况。评估乡村振兴政策是否成功地开拓了多元化的融资渠道，例如，通过银行贷款、民间借贷、合作社融资、众筹等方式。重点关注这些渠道是否便利、能否为不同规模的乡村项目提供支持，以及相关风险控制措施。

（3）资金使用的透明度和效率。检查资金使用的透明度，确保资金用途清晰，且能有效追踪到每一笔投资的去向。评估资金使用的效率，即资金是否用于能够促进乡村经济发展和社会福祉的项目上。

（4）风险管理和财务可持续性。审查乡村振兴项目的风险管理策略，包括财务风险、市场风险和环境风险等。评估项目的财务可持续性，确保乡村振兴项目在长期内具有经济效益，不会因财务问题而中断。

（四）审计程序

1. 审计准备阶段

这是审计工作的起始阶段，关键在于审计规划和组织。在这一阶段，审计署作为国家审计机关的最高层，负责统筹工作并制定指导意见。省级审计厅根据审计署的指导意见，制定全省乡村振兴政策落实跟踪审计的年度方案。随后，市级审计局根据省级审计厅的方案，编制并实施全市的审计实施方案，并向被审计单位发出审计通知书。这一阶段的主要任务是确保审计工作有序进行，各级审计机构的工作协调一致。

2. 审计实施阶段

在审计实施阶段，审计工作人员现场开展审计，收集和取证相关材料，征求被审计单位的意见。通过复核、审理等方式，审计人员将发现的问题编制成审计发现问题清单。这一阶段是审计工作的核心，通过现场调查和证据收集，确保审计结果的准确性和可靠性。

3. 审计报告阶段

在审计报告阶段，审计机关根据实施阶段收集的信息和审计发现，编制审计报告。这份报告详细记录了审计过程中发现的问题、审计结论和建议。审计报告是审计工作的重要成果，向相关政府部门和公众提供了审计结果的详细描述。

4. 成果利用阶段

成果利用阶段是指利用审计结果对相关政策和管理活动进行优化和改进。在这一阶段，审计发现的问题和建议被用于指导和推动政策的调整和完善，提升政策执行的有效性。

5. 整改阶段

整改阶段强调"即审即改"，即在审计过程中即时进行整改。这一阶段包括专门的督查活动，以确保审计中发现的问题得到及时和有效的解决。

（五）审计方法

乡村振兴政策落实跟踪审计的审计方法主要包括文件查阅法、资料审核法和现场调查法，每种方法都针对不同的审计需求，确保审计过程的全面性和深入性。

1. 文件查阅法

文件查阅法是通过收集和审查文件性资料来评估项目的合规性和政策的执行情况。在乡村振兴政策落实跟踪审计中，审计人员对比查看与项目相关的政策文件、合同等材料。这包括审查被审计单位在项目实施和资金使用过程中的操作是否符合政策规定，以及相关手续、材料是否齐全、合法合规。通过文件查阅法，审计人员可以有效评估项目的合规性和政策执行的准确性，确保政策实施符合既定规定和标准。

2. 资料审核法

资料审核法涉及对财务数据和项目资料的详细审核。审计人员关注资金的使用情况，包括审核资金收支明细账、交易凭证等，并与银行对账单进行比对，核验资金的金额、种类和拨付时间。使用专业的数据处理工具可以帮助审计人员更有效地分析和处理数据。审计人员对项目资料进行审核，查阅项目合同、业务资料等是否齐全，以掌握或监督政策的具体执行情况。通过资料审核法，审计人员可以深入了解财务和项目

的具体情况，确保资金和项目的合理运用。

3. 现场调查法

现场调查法通过实地访谈、现场调查、满意度调查等方式，直接了解项目的真实进展情况。审计人员实地查看项目进度，并对比资金拨付情况，同时检查项目是否完工，以及是否存在质量问题。这种方法使审计人员能够直接观察和评估项目的实际情况，收集一手数据，从而更准确地评价项目的实施效果和影响。

综合这三种审计方法，乡村振兴政策落实跟踪审计能够全面、深入地评估政策的实施情况，确保政策的有效执行和预期目标的实现。通过这些方法，审计机关可以及时发现问题并提出建议，促进政策的持续改进和优化。

第二节　乡村振兴政策落实跟踪
审计的作用机理

基于我国"全面治理"与"持续治理"相结合的乡村治理模式，乡村振兴政策的着力点在于形成"全过程一体化"的公共政策作用机制。为此，需要将乡村振兴政策落实的全部过程纳入审计监督范畴。政策落实跟踪审计作为一种全过程的持续审计，其在乡村振兴政策落实的不同阶段均发挥着相应的治理作用。

一、乡村振兴政策落实过程

乡村振兴政策的落实主要分为三个阶段，如图 5-3 所示。

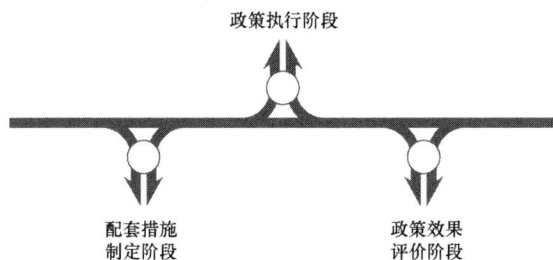

图 5-3　乡村振兴政策落实过程

（一）配套措施制定阶段

一般情况下，有关乡村振兴的重大政策由国务院及其职能部门制定，但考虑到中国各地区在地理环境、自然资源条件、经济发展水平等方面的差异，地方政府及其职能部门需要根据本地具体情况制定相应的配套措施。这些配套措施需要与当地的实际条件高度契合，确保政策在地方层面的有效执行和实际成效。

地方政府通常通过成立乡村振兴工作领导小组，制定乡村振兴专项资金管理办法和绩效考核制度等方法来落实这些配套措施。这不仅有助于宣传、解读和推广乡村振兴政策，还可以减少由于信息不对称而造成的政策制定者、执行者及受众方对政策理解不一致的问题。

由于政策制定者的有限理性、知识存量和认知水平的差异，以及地方差异的影响，配套措施的制定可能会在政策传递过程中与中央政策出现偏差。因此，国家审计机关在审计过程中需要对这些地方层面的乡村振兴政策配套措施制定情况进行审查和评价。通过这种审查，可以确保地方政府制定的配套措施既符合党中央政策的指导原则，又能够适应当地的实际情况，有效推动乡村振兴政策的实施。

（二）政策执行阶段

乡村振兴政策落实过程中的政策执行阶段是实现政策目标的关键环节，涉及多个层面的复杂互动和协调。在这一阶段，各级政府及其职能

部门负责将政策目标转化为具体的行动和成果。然而，政策执行过程中可能会遇到一系列挑战和问题。

由于不同地区、不同部门的利益诉求可能存在差异，这可能导致政策执行过程中的协调问题。利益差异可能源于地域经济发展水平的不均衡、资源分配的不平等或政策理解的差异等。这种利益差异可能导致政策执行的效率降低，甚至政策目标的偏离。信息不对称问题在政策执行中也十分常见。这通常表现为政策制定者、执行者和受众之间的信息交流不畅。由于信息传递得不完整或不及时，可能会导致执行者对政策的理解和实施存在偏差，从而影响政策效果。监管不到位是影响政策执行的另一个重要因素。缺乏有效的监督和审查可能导致资金使用不规范、组织协调不顺畅、政策效果不达标等问题。这些问题不仅影响政策的实际效果，还可能损害政策的公信力和可持续性。

因此，国家审计机关在这一阶段扮演着至关重要的角色。作为独立的第三方，国家审计机关需要对乡村振兴政策的执行情况给予充分关注，确保政策的正确实施和资金的合规使用。审计机关通过监督和评估，可以揭示政策执行过程中的问题，推动政策执行的改进，从而保证乡村振兴政策的有效性和效果。通过这种方式，国家审计机关为确保乡村振兴政策目标的实现提供了重要支撑。

（三）政策效果评价阶段

乡村振兴政策的效果评价关注的是政策目标实现的程度和广度。在我国，公共政策的评估通常由政府部门负责，并采用自下而上的总结报告方式来评价政策执行的效果。然而，这种评估方式存在一些问题，如评估主体的单一性、独立性不足和专业性缺失。这些问题可能会影响乡村振兴政策效果评价的客观性和准确性。鉴于此，国家审计机关在乡村振兴政策的效果评价中扮演着至关重要的角色。作为一个独立于政策制定者、执行者和受众者的第三方，国家审计机关负有责任以客观、公正

的态度评估乡村振兴政策的实际效果。审计机关需要运用专业的绩效评价知识和技能，对政策的实施进行全面深入的评估。这包括分析政策执行的过程、成果和影响，以及评估政策是否达到了既定的目标和预期效果。

通过这种独立的评价，可以提供对政策效果的全面和客观的了解，帮助识别政策实施中的优点和不足，为政策调整和完善提供依据。国家审计机关的评估不仅提高了政策评价的专业性和独立性，还有助于确保乡村振兴政策能够有效地实现其既定目标，为农村的全面发展和振兴提供坚实的政策支持。

二、乡村振兴政策落实跟踪审计的作用机理

（一）乡村振兴政策制定阶段的审计预防治理

乡村振兴政策制定阶段的成果主要表现为乡村振兴政策的"形式"维度，乡村振兴政策的形式是指乡村振兴政策所存在和产生的方式，以及外部表现形态，具体包括政策的文件形式、政策体系形式和政策制定程序。乡村振兴政策落实制定阶段的审计实质上就是形式维度的审计，即在乡村振兴相关政策执行之前，国家审计机关对地方政府和相关职能部门制定的配套措施进行的审计评价。

在这一阶段，国家审计机关的主要任务是确保地方政府制定的配套措施与中央乡村振兴政策的精神一致，并且能够有效地应用于当地实际情况。这个阶段的审计内容聚焦于几个关键方面。一是政策执行主体、客体和内容的完整性。审查乡村振兴政策涉及的执行主体（如政府部门、实施机构）、客体（政策的目标群体，如农民、农村社区）和内容（政策具体条款和指标）是否清晰明确且完整。这确保政策在执行过程中的方向性和针对性。二是配套措施的确定性和一致性。审计评估配套措施的

条文是否具有明确性和一致性，这是确保政策执行无歧义和有效性的关键。不确定或矛盾的政策条文可能导致执行过程中的混乱和效率低下。三是与党中央政策精神的一致性。审计需要核实地方政府制定的配套措施是否与党中央乡村振兴政策的总体目标和精神相符。这一点对于维护政策的整体性和方向性至关重要。四是各项配套措施之间的协调性和稳定性。审计关注不同政策措施之间是否相互协调，以及这些措施是否在实施过程中保持相对稳定，这对于实现政策目标的整体性和连续性非常关键。五是与当地"三农"情况的契合程度。审计还会评估配套措施是否能够有效地适应当地的农业、农村和农民（"三农"）的实际情况，确保政策的地方适应性和有效性。六是配套措施制定依据的合理性。审计将考察配套措施制定的依据是否合理，确保政策的科学性和合法性。七是配套措施的可行性。审计也会评估配套措施的实际可行性，这涉及政策是否能在实际操作中顺利执行。

通过上述综合审计，国家审计机关能够及时发现和指出配套措施可能存在的风险和不足，提出建设性的建议，从而发挥其事前预防功能，防止由于配套措施制定不当带来的负面效应，为乡村振兴政策的有效实施提供坚实的基础。

（二）乡村振兴政策执行阶段的审计揭示治理

乡村振兴政策执行阶段的审计揭示治理关注于政策的"事实"维度，即政策在实际执行过程中展现的各种量化指标和统计结果。这个阶段的审计，被视为事中审计，其核心在于审查政策实施过程及公共资金的使用情况。乡村振兴政策的执行环境通常涉及多个领域，具有复杂性和不确定性，这使得审计揭示治理成为确保政策有效实施的关键。

国家审计机关的任务是通过审查各级政府及相关职能部门在执行乡村振兴政策过程中的责任履行情况，评价政策执行行为的合法性与恰当性。这涉及几个关键方面。

1. 政策方面

审计在这一方面重点关注政策措施是否得到有效执行。这包括评估政策制定是否符合乡村振兴的目标和需求，以及政策措施是否能够在实际操作中得到准确和全面的实施。此外，审计还需评估政策措施的执行情况是否与预期的政策目标保持一致，以及是否对目标群体产生了预期的积极影响。有效的政策执行是乡村振兴成功的关键，审计通过这一过程可以确保政策措施得到合理应用，促进乡村振兴政策的实际效果。

2. 资金方面

资金方面的审计关注资金使用的真实性、合理性和合法性。这涉及审查资金的来源、分配、管理和使用过程，确保资金按照预定目的和计划使用，没有被挪用或浪费。真实性涉及资金流向和使用情况的准确记录，合理性则关注资金是否用于最有效的途径以实现最佳效果，而合法性则涉及资金使用是否符合相关法律法规。审计通过确保资金的合规使用，可以提高乡村振兴项目的财务透明度和效率。

3. 项目方面

项目方面的审计涵盖项目的进度跟踪、建设中是否存在违法违纪问题，以及项目运营的合规性。审计需要监控项目的进度，确保其按时完成并符合预定目标。同时，审计还要检查项目实施过程中是否存在违反法律法规的行为，以及项目运营是否符合政策指导和行业标准。通过这一过程，审计可以揭示项目管理和实施中的问题，提出改进建议，确保项目顺利实施并有效支持乡村振兴目标的实现。

通过以上内容进行跟踪审核，国家审计机关可以及时、准确地发现妨碍乡村振兴政策实施的堵点，对其进行充分揭露，对地方政府，以及资金实际管理、使用部门提出一些审计意见，从而确保乡村振兴政策的

贯彻和实施，防止在实施的过程中，政策产生偏离。

（三）乡村振兴政策效果阶段的审计评价治理

乡村振兴政策效果阶段的审计评价治理着重于政策的"价值"维度，即政策在运行中和运行后产生的实际影响和作用。这个阶段的审计关注政策效果、效率和影响，属于事后审计的范畴。事后审计的目的是通过评估政策产生的影响，判断政策是否符合促进社会生产力、社会公正和人的全面发展这三项公共政策价值标准，进而实现对乡村振兴政策制定者和执行者的权利监督与约束。

国家审计机关在这一阶段审计的具体内容如下。

1. 政策效果方面

（1）预期目标的实现程度。这方面的审计重点在于评估乡村振兴政策所设定的目标是否已经实现，以及实现的程度。审计需要考察政策目标是否具体、明确，并通过量化和定性方法评估这些目标的实现情况。这涉及对政策目标实现的直接影响和长期效果的综合评价。

（2）对生态、经济、社会产生的影响。乡村振兴政策对生态环境、经济发展和社会福祉的影响是其重要组成部分。审计需要评估政策对农村生态环境的改善、经济增长的推动，以及社会和谐稳定的促进等方面的效果。

2. 资金方面

（1）资金投放精准度。在这方面，审计关注的是乡村振兴政策资金是否精准地投放到了最需要的地方。这涉及资金分配的合理性和目标的一致性，确保资金能够在正确的时间、地点和对象上发挥最大效用。

（2）资金使用效率。此处的审计重点在于评估资金使用的效率，包括资金流向的及时性、资金使用过程的合规性，以及资金使用的效果。

这是确保公共资金获得最佳回报的关键。

3. 项目方面

（1）项目完工率。审计需要关注乡村振兴政策下各项项目的完工率，这是评估政策执行进度和效率的一个重要指标。项目的及时完工能够保证政策效果的及时实现。

（2）项目运营效率。除了关注项目完工情况外，审计还需关注已完工项目的运营效率。这包括项目运营的成本效益、运营过程的合规性，以及对目标群体的实际影响等方面。

通过这些审计活动，国家审计机关能够及时发现和揭示影响乡村振兴政策顺利实施或偏离价值目标的因素，为政策制定者和执行者提供反馈和建议。这有助于各级政府和相关部门增强服务乡村振兴的意识和履责能力，确保"农业强、农村美、农民富"的政策价值目标得以实现。通过审计评价，可以确保政策的持续优化和调整，使之更好地适应乡村发展的实际需求，从而有效促进乡村的全面振兴和可持续发展。

第三节　乡村振兴政策落实跟踪审计的优化路径

一、加强政策理论研究

（一）深入开展调查研究

乡村振兴政策的实施主要对象是数亿农民和涉农企业，这些对象主要集中在基层和农村地区。因此，有效的审计不仅需要理解政策的指导意图，更需要深入政策实施的一线，即农村基层，以获取最直接、最真

实的信息和反馈。

深入开展调查研究意味着审计工作要紧紧围绕"从群众中来、到群众中去"的工作方法。这要求审计人员不仅仅局限于办公室的数据分析和报告审阅，而是要亲身走访农村地区，与农民、涉农企业代表面对面交流，了解他们的实际需求和遇到的问题。通过这种方式，审计工作能够更准确地把握农业、农村和农民的发展状态，从而为政策调整和优化提供依据。

深入基层的调查研究也有助于揭示乡村振兴政策实施过程中的主要弊端和障碍。在现实操作中，政策的执行往往会受到各种因素的影响，如资源配置的不均、信息传递的失真等，这些问题往往在基层最为明显。通过深入农村，审计人员可以更直接地观察和收集这些问题的实际情况，为政策制定者提供更为贴近实际的改进建议。

深入开展调查研究还涉及收集审计一线人员的建议和反馈。一线审计人员由于长期处于政策实施的最前沿，因此对于政策效果的评估和问题的识别通常更为敏感和精准。他们的建议和反馈是优化审计项目安排计划、明确审计内容和重点的宝贵资源。通过这些一手资料，审计工作可以更加有针对性，有效选准审计的方向。

（二）加大政策研究力度

乡村振兴审计所涉及的政策措施数量众多且极为细致，因此，深入的政策研究对于审计工作的成功至关重要。加大政策研究力度主要体现在以下三方面，如图 5-4 所示。

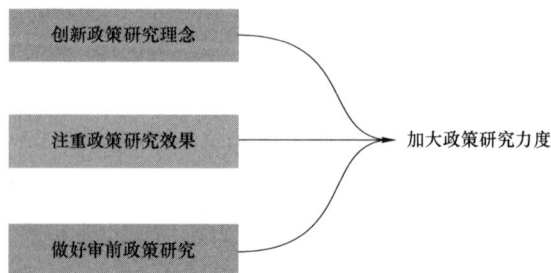

图 5-4　加大政策研究力度

1. 创新政策研究理念

审计工作不仅需要关注政策的文字表述，更应深入理解政策背后的实际目标和社会经济背景。特别是在乡村经济体制深刻变革和社会结构变动的大背景下，审计人员需要紧密结合乡村振兴战略的紧迫性和群众关注的热点难点问题。这意味着，审计工作应聚焦于那些对乡村振兴战略具有全局性和战略性影响的重大问题，并进行深入研究。这样的研究不仅能够帮助审计人员更准确地理解和评估政策实施的效果，也能够为下一步审计工作提供更为坚实的理论和实践基础。

2. 注重政策研究效果

政策研究应密切结合乡村振兴审计的实际需求，与时俱进地围绕每个阶段的重点进行。这意味着，审计人员需要不断挖掘审计过程中出现的疑点和问题线索，将政策研究的成果转化为具体的审计事项，进而体现为审计工作的实际业绩。这种转化过程不仅增强了政策研究的针对性和应用性，也提高了审计工作的质量和效率。

3. 做好审前政策研究

这要求审计机构在政策实施前进行充分的研究和准备工作，包括评估政策的可行性、预期效果及潜在风险。通过审前研究，可以更有效地指导政策制定，确保政策的科学性和针对性。同时，审前政策研究还应包括对政策实施环境的分析，如地区经济社会发展水平、资源条件等，以确保政策设计与地方实际情况相契合，从而提高政策的实施效率和效果。

二、系统构建审计计划

（一）发挥乡村振兴审计计划引领作用

审计机构应深刻理解乡村振兴战略的内涵和精神，不断优化和调整

审计计划，确保审计工作与乡村振兴的发展目标和需求保持一致。审计计划应具备前瞻性和创新性，能够适应农村发展的新形势和要求，为乡村振兴提供更有效的支持和服务。

乡村振兴战略的核心是实现农村经济、政治、文化、社会和生态文明的全面发展。审计计划应紧密围绕这些领域的发展目标和总体要求，确保审计工作始终服务于乡村振兴的大局。这意味着审计不仅要关注财务和合规性问题，更要深入分析乡村振兴政策的实施效果，如农业质量发展、乡村绿色发展等方面的进展和成效。

乡村振兴战略强调提高农村民生保障水平和增强贫困群众的获得感。因此，审计计划应重点关注民生项目的执行情况，包括资金的使用效率和效果，以及这些项目是否真正改善了农村居民的生活条件和质量。审计工作通过揭示问题、提供建议，可以有效推动政策调整和资源的优化配置，进而促进乡村振兴战略的实施。

乡村振兴战略还强调体制机制的创新。审计计划在这方面的职能不仅是监督和评估，还包括为政策制定者提供数据支持和决策依据。通过深入分析乡村振兴政策的实施过程和效果，审计可以为体制机制的改革提供实践经验和建议，进一步推动乡村振兴战略的深入实施。

（二）优化长中短期审计计划的相互衔接

审计计划在不同时间尺度上要互相协调，形成一个连贯、高效的审计体系，以更好地服务于乡村振兴战略。

长期审计计划应基于乡村振兴战略的历史使命、目标和定位，确立审计的长远目标和方向。长期审计计划需要突出乡村振兴的核心使命和目标，确保审计工作在长时间跨度内保持正确的方向和焦点。这种长期规划不仅为乡村振兴审计工作提供了方向性指导，还确保了审计活动能够适应和支持乡村振兴战略的长期目标。

中期审计计划是连接长期目标与日常审计工作的桥梁。它侧重于对

阶段性的农业和农村经济社会发展中心任务的理解和把握。中期计划应围绕乡村振兴的中心任务，统筹安排每个年度的审计工作，确保不同年度的审计活动能够衔接并支持乡村振兴的阶段性目标。通过这种方式，中期计划将长期审计计划的战略目标转化为更具体、可执行的年度任务，保证了审计工作的连续性和有效性。

短期审计计划则更加关注具体的、日常的审计活动。以年度审计计划为主，它集中于短期内的重点领域、行业、部门、项目和资金的审计。短期计划的重点是务实和细致，确保每年的审计活动能够及时响应当前的重点问题和挑战，同时也为下一阶段审计工作奠定基础。通过短期计划，审计工作能够及时发现和解决问题，为乡村振兴政策的有效实施提供及时反馈。

长期计划提供方向性指导，中期计划确保阶段性目标的实现，短期计划关注日常的具体执行。这三者相互衔接，共同构成全面、高效的乡村振兴政策落实跟踪审计体系，确保审计工作能够全面覆盖、有深度、有成效地支持乡村振兴战略的实施。

（三）突出年度审计计划的重点难点

在乡村振兴政策落实跟踪审计的优化策略中，系统构建审计计划时特别需要突出年度审计计划的重点难点。具体来说，现阶段应紧紧围绕以下几方面制订年度审计计划。

第一，年度审计计划应重点关注《乡村振兴战略规划（2023—2027年）》的实施情况。这意味着审计工作不仅要评估计划提出的目标任务、工作重点和政策措施的执行情况，还要深入了解这些政策措施在实际操作中的效果和影响。通过这种方式，审计不仅能够监督政策的执行情况，还能为政策制定者提供反馈和建议，帮助他们更好地理解政策的实际影响和效果。

第二，年度审计计划需聚焦于乡村振兴各项政策措施的落实情况。

这包括对提升农业发展质量、推进乡村绿色发展等重点政策的实施情况进行审计。这类审计工作应围绕乡村振兴的总体要求，评估各项政策措施的执行效果，及时发现并指出实施过程中的问题，促进政策的持续优化和完善。

第三，年度审计计划还应突出乡村振兴战略的投入保障情况。这包括对乡村振兴战略财政预算安排、涉农资金的统筹整合使用，以及重点支出与重大投资项目的审计。这种审计工作有助于确保资金得到高效和透明地使用，同时评估资金使用的经济性、效率性和效果性。

第四，年度审计计划还应关注乡村振兴资金的安全和绩效情况。这涉及对基层小微权力腐败的监督，以及对乡村振兴资金支出的经济性、效率性和效果性的评估。通过对这些方面的深入审计，可以有效防止和减少腐败行为，确保资金被用于真正促进乡村振兴的活动。

三、创新审计项目组织方式

（一）加强审计项目组织实施的统筹管理

在信息化发展环境下，乡村振兴审计项目需转型至扁平化审计组织结构。这意味着构建一个大型的农业审计平台，集中整合各业务司的核心力量。通过这样的平台，可以实现审计资源的集中管理和高效利用。各业务司派出的骨干力量在分管署领导牵头的领导机构平台下，根据审计内容抽调人员，直接组织各派出机构业务处室和其他审计机构的审计人员来开展项目。这种组织方式的核心优势在于它能够促进跨层级、跨专业、跨区域审计资源的优化配置。根据审计项目的特点，能够统筹调配审计资源，强化审计机关之间的上下联动和横向协作。这种统筹管理不仅提升了审计效率，还加强了审计成果和信息的共享，发挥了审计工作的整体合力。

（二）加强全国审计机关的"一盘棋"管理

在乡村振兴政策落实跟踪审计的优化策略中，创新审计项目组织方式需要特别强调全国审计机关的"一盘棋"管理。这种管理方式对于处理涉及国家大政方针和地方扶持政策、党中央与地方财政资金，以及不同政府机构间复杂关系的乡村振兴审计至关重要。

乡村振兴审计的特点在于其跨越党中央和地方、多部门和多层级。这要求审计工作不仅要跟踪党中央财政资金的使用情况，也要监督地方政府的相关政策实施。在这个过程中，审计署对地方审计机关的业务指导成为重点，确保各级审计机关在审计计划上的相互衔接和合理分工。加强"一盘棋"管理意味着要建立更加紧密的上下联动机制。上级审计机关在安排审计项目时，需要与下级审计机关的审计计划进行有效衔接，确保审计工作的连贯性和协调性。同时，各级审计机关之间的沟通和协调至关重要，这不仅涉及审计信息和成果的共享，也关乎于监督工作的合力发挥。

审计署在全国乡村振兴审计工作中起着领导和统筹的作用。这包括审计计划的统筹管理，定期组织专项审计（调查），加强审计业务培训和督导。通过这种方式，审计署能够确保审计工作的全面性和深度，有效监督乡村振兴政策的实施。

地方各级审计机关也扮演着重要角色，他们负责实现对乡村振兴政策、资金和所有县级行政区划的审计全覆盖。地方审计机关需要根据本地的农业农村工作特点，有计划、有重点地加强对相关政策和资金的审计监督。例如，将项目和资金较为分散、小型和属地性强的专项审计项目交由地方审计机关主导实施，而涉及乡村振兴的重大方针政策和决策部署落实、自然资源资产管理责任等审计则由审计署及其派出机构实施。

通过这种创新的审计项目组织方式，可以实现对乡村振兴政策的有效监督，确保政策的正确实施，促进乡村振兴战略的成功。

四、与其他监督主体加强合作

在乡村振兴政策落实情况跟踪审计的活动中，受制于审计力量与审计内容不匹配的现实，出现了审计覆盖不足的问题，因此，可以考虑同其他监督主体进行合作的方式，缓解审计压力。

（一）加强整改阶段与其他监督主体的沟通

在乡村振兴政策落实跟踪审计的优化策略中，利用其他监督主体的力量来缓解审计压力是一项重要的工作。加强整改阶段与其他监督主体的沟通，不仅能够提高审计效率，还能够增强监督的合力，确保整改措施的落实。

审计整改阶段的关键在于有效地跟踪整改进展，并将发现的问题线索移送至纪检监察机关。同时，对于可公开的信息，应当向社会进行公布，以接受更广泛的社会监督。这一过程中，审计机关的作用是定期跟踪案件处理结果，掌握整改和问责情况，并定期将整改情况公布，以发挥事后监督整改的作用。

与纪检监察机关的沟通频率应当提高，以加快问题处理的时间进程，提升整改效果。这种沟通机制不仅能够缓解审计机关的监督压力，还能够确保整改措施的有效实施。在实践中，审计机关往往重视移送前的沟通，而忽视了移送后的跟踪和后续惩处情况的沟通，导致后续整改效果不佳。因此，建立一个及时有效的沟通机制至关重要。

在乡村振兴政策落实情况的跟踪审计整改阶段，可以采取多种方式督促审计问题的整改。这包括党委政府组织的专题调研、专门会议、听证会，以及人大代表、政协委员参加的视察、提案、建议案等。通过这些方式，可以拓宽监督渠道，发挥不同监督主体的作用。纪检部门在开展自身监督活动时，应当对审计机关通报反映的问题予以重点关注。对

于整改措施不力、责任落实不到位、无故不按期整改、虚假整改等问题，纪检部门应当进行问责和信息公开。通过这种方式，可以确保整改措施的有效实施。

（二）建立同其他监督主体协作的协商机构

乡村振兴政策落实跟踪审计的优化策略中，建立与其他监督主体协作的专门协商机构，对于提高审计效率和质量具有重要意义。这一机构的设立能够扩大审计工作的内涵和外延，实现与其他监督部门的高效协作。

1. 协作小组和定期交流研讨

设立专门的协作小组，并定期召开工作情况交流研讨会，是协商机构运作的一个重要方面。通过这种机制，审计机关和其他监督部门，如纪检监察部门，可以互相通报协作配合情况，共同研究重要问题和突发事件，并提出解决方案。这种定期的沟通和协商有助于各部门更好地理解彼此的工作需求和挑战，促进问题的高效解决。

2. 日常工作交流和深入合作

设立专门人员负责日常工作的交流和协调，以及安排审计人员定期深入到各协作部门开展工作，这样的安排能够使工作双方更加熟悉对方的工作流程和需求，并实现更充分的配合。这种深入合作模式有利于打破部门间的壁垒，实现资源和信息的共享，提高整体工作的协调性和效率。

3. 避免重复工作，提高效率

协商机构在工作内容出现交叉时进行协商，有助于避免重复工作。这样的机制不仅实现了信息互通，还避免了后续工作中的不必要劳动，

提高了各工作主体间的工作效率。

4. 专业人员配备和技术协调

鉴于国家审计的专业性强，工作程序和查处技术具有较强的专业性，协商机构在人员配备中应充分考虑工作人员的专业知识与职业素养。这有助于促进双方在技术方法、专业能力等方面的沟通与协调，从而提高审计的专业性和准确性。

5. 信息披露和"二次监督"

在信息披露阶段，协商机构起着重要的作用。通过协商机构及时将审计监督成果反馈至相关单位和审计机关，可以确保监督成果及时纳入纪检监察、巡视巡察的监督考核评价中。在问责整改阶段，可以根据已披露内容追究相关人员的责任，并督促整改。此外，实现"二次监督"，通过通报被监督单位整改事项的落实效果和偏差情况，并在后续监督中对整改情况进行审查，这有助于弥补乡村振兴政策落实情况问题整改跟踪的不足。

第四节　乡村振兴政策落实跟踪
审计绩效评价体系构建

一、绩效与绩效评价的概念

（一）绩效

绩效是指在特定时间段内，个人、团队或组织在实现既定目标和任务方面所达到的成效和效率。它通常涉及多个方面，包括工作质量、效

率、目标达成率，以及与目标相关的各种关键绩效指标（KPIs）。绩效不仅衡量了任务完成的程度，还包括了完成这些任务的方式。例如，在企业环境中，绩效可能包括员工的销售业绩、客户服务质量、团队合作能力，以及对创新的贡献。在公共部门或非营利组织中，绩效可能更多地关注服务质量、项目成果、资源利用效率和对社会目标的贡献。绩效的核心在于将个人或组织的工作成果与其目标和预期标准相比较，以判断其成功的程度。此外，绩效还强调持续改进，即不断地评估和提升工作过程和结果，以更有效地实现目标。

（二）绩效评价

绩效评价是一个系统性的过程，用于评估和审视个人、团队或组织在特定时间内的工作表现。这个过程通常涉及设定明确的绩效标准、收集相关的绩效数据，以及根据这些数据来评估实际绩效与预期目标之间的差距。绩效评价的目的在于提供反馈、识别优势和提升领域、指导职业发展，以及作为未来决策的依据。在企业环境中，绩效评价通常用于决定薪酬调整、晋升机会、员工培训需求和绩效改进计划。在公共部门和非营利组织中，绩效评价则更多地集中在服务提供的质量、政策实施的效果，以及资源分配的有效性上。一个有效的绩效评价体系应该是公平、透明和客观的，确保评价结果既能反映实际表现，又能激励被评价者持续改进和发展。

二、乡村振兴政策落实跟踪审计绩效评价体系构建的意义

（一）提高政策执行效率和效果

乡村振兴政策落实跟踪审计绩效评价体系通过定期和系统性的评估，能够确保乡村振兴政策的执行不仅遵循既定的规划和标准，而且能

够灵活地调整以适应实际情况和需求。在政策执行过程中，绩效评价体系扮演着关键的反馈机制角色，它可以及时揭示政策实施的效果和存在的问题，从而为决策者提供有力的数据支持和决策依据。例如，如果某项政策在特定区域未能达到预期效果，绩效评价体系可以帮助识别原因，是否是因为资源配置不当、执行不力还是外部环境变化所致。然后，基于这些信息，可以迅速调整政策方向或执行策略，以确保政策目标的实现。这种动态调整和优化过程不仅提高了政策执行的效率，还提高了政策成果的质量和效果。

（二）促进资源的合理分配

乡村振兴涉及多种资源的投入，包括资金、技术、人力等，而这些资源往往是有限的。绩效评价体系通过对不同政策和项目的绩效进行量化和比较，可以帮助决策者识别哪些项目最有效、哪些不够高效，从而指导资源向更高效的用途流动。例如，如果某个农业发展项目在某地区展现出较高的成本效益比，而另一个项目则效果不佳，决策者可以根据这些信息调整资金和资源的分配，将更多资源投向效果显著的项目。这不仅提升了每一分投入的产出效益，还能确保乡村振兴政策在有限资源下实现最大化的社会和经济效益。此外，合理的资源分配还有助于避免资源浪费和重复投资，特别是在面临财政约束和资源紧张的情况下，这种优化分配显得尤为重要。通过持续监测和评估，可以确保乡村振兴政策在实施过程中始终保持高效和合理的资源利用。

（三）增强政策透明度和公众参与度

在增强政策透明度和公众参与方面，构建乡村振兴政策落实跟踪审计绩效评价体系显得尤为关键。这种体系通过提供详细的政策执行数据和分析报告，能够显著提高政策实施的透明度。这意味着公众可以清晰地看到政策的实施进度、成效，以及面临的挑战，从而更加理解和信任

政府的决策过程。更重要的是，透明度的提高为公众提供了参与乡村振兴政策讨论和监督的平台。公众可以基于提供的信息提出建设性的意见和建议，这不仅有助于提升政策的质量和效果，还能促进公众对乡村振兴工作的归属感和责任感。例如，当公众了解到某个乡村项目的具体成效时，他们可以就如何改进或扩大该项目的影响力提出建议。这种双向的沟通和互动是实现真正意义上乡村振兴的关键，因为它确保了政策制定和执行不仅仅是自上而下的过程，而是一个包容各方意见和建议的动态过程。

（四）支持持续改进和创新

在支持持续改进和创新方面，绩效评价体系发挥着不可替代的作用。这种体系不仅能够提供关于当前政策和项目效果的反馈，而且还能够揭示长期趋势和潜在问题，为未来的政策制定和调整提供重要依据。例如，如果某种乡村发展模式在一段时间内显示出优越的成效，那么这种模式可以被进一步推广或者加以创新改进。同样，如果某项策略持续表现不佳，绩效评价体系将提示需要进行根本性的改变或创新。这种基于数据和结果的政策调整和优化过程是乡村振兴工作的核心，因为它确保了政策和项目不断适应不断变化的经济、社会和环境条件。此外，绩效评价体系还可以激励政府和相关组织寻求更有效的方法和策略，促进创新思维和实践的发展。这种持续的改进和创新不仅提高了政策的有效性，还有助于发掘和利用新的机会，应对新的挑战，从而长期支持和促进乡村的全面振兴。

三、乡村振兴政策落实跟踪审计绩效评价体系构建的原则

构建乡村振兴政策落实跟踪审计绩效评价体系时，应遵循以下原则，如图5-5所示。

全面性原则　　　　　客观性原则

可持续性原则　　　　　动态性原则

实用性原则　　　　　参与性原则

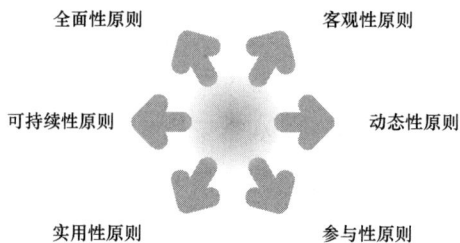

图 5-5　乡村振兴政策落实跟踪审计绩效评价体系构建的原则

（一）全面性原则

绩效评价体系在强调全面性原则时，意味着它需要综合考虑乡村振兴的多个方面，而不仅仅是单一的经济增长。这包括对文化、教育、卫生、生态环境等方面的考量。例如，在评价某乡村振兴项目的时候，不应仅仅关注其对当地经济的直接影响，还要考虑到项目对当地文化传承、社区参与、生态可持续性等方面的影响。这种全面性的评估有助于确保乡村振兴政策在促进经济发展的同时，也能够维护和促进社会和谐、文化多样性和生态平衡。

（二）客观性原则

客观性原则要求绩效评价过程中的数据收集、分析和解释必须公正无私，避免主观偏见。这意味着使用科学的方法和工具来量化政策的影响，例如，通过统计分析、比较研究等方法。在此基础上，确保评价结果能够真实反映政策的实际效果，而不是基于预设的期望或偏好。评价者应当利用客观的数据指标来评估乡村振兴项目的成效，而不是仅凭感性判断或局部观察。

（三）动态性原则

乡村振兴是一个长期且动态变化的过程，因此，绩效评价体系也应当具有相应的灵活性和适应性。这意味着评价指标和方法应当能够随着

政策环境、经济条件和社会需求的变化而调整。随着乡村经济结构的变化，原有的评价标准可能需要更新以更好地反映新的挑战和机遇。动态性原则确保了评价体系始终与时俱进，能够提供及时有效的政策反馈。

（四）参与性原则

参与性原则强调在构建和执行绩效评价体系时，应当包容并鼓励所有相关利益方的参与。这不仅包括政府决策者、项目执行者，还包括乡村居民、企业和民间组织。这种广泛的参与有助于收集更全面的信息，确保评价结果能够全面反映各方面的利益和需求。例如，通过让乡村居民参与评价过程，可以更好地理解政策对其生活质量的影响，从而使评价结果更加贴近实际情况。

（五）实用性原则

实用性原则要求评价体系的设计和实施应该注重实际应用，为政策决策和实施提供实际可行的建议和指导。这意味着评价指标和方法应该既科学合理，又便于实际操作。例如，评价指标应该是容易测量和理解的，同时能够有效地反映乡村振兴政策的关键效果和影响，从而为政策制定者和执行者提供有价值的参考。

（六）可持续性原则

可持续性原则要求在评价乡村振兴政策时，不仅要关注短期成效，还要考虑长期的社会、经济和环境影响。这意味着评价体系应当能够评估政策对当前和未来时代的影响，确保乡村振兴的方式和目标与可持续发展目标相符合。例如，在评估一项农业发展项目时，应考虑其对土地资源的长期影响、对生态系统的潜在影响，以及对社区未来发展的持久影响。

四、乡村振兴政策落实跟踪审计绩效评价指标体系的构建

（一）指标体系构建的方法

1. 层次分析法

层次分析法（Analytic Hierarchy Process，AHP）在乡村振兴政策落实跟踪审计绩效评价指标体系构建中的应用主要涉及将复杂的评价问题分解成多个层次和因素。这种方法要求明确评价的目标，然后将其分解为不同层次的因素或指标，如政策实施效果、资源使用效率、社会和环境影响等。每个层次中的因素又可以进一步分解为更具体的子因素。通过成对比较的方式来确定各因素在整体目标中的相对重要性。这通常涉及专家判断和评估，他们会根据经验和知识来评估各因素间的相对重要性。层次分析法的核心在于使用一致性比率来检验评估的一致性，确保最终的权重分配是合理和一致的。通过综合这些因素的权重和评分，构建出一个能够全面反映乡村振兴政策绩效的评价指标体系。这种方法的优势在于其系统性和结构化，能够帮助决策者在复杂的决策环境中明晰思路，合理分配资源。

2. 调查打分法

调查打分法在乡村振兴政策落实跟踪审计绩效评价指标体系构建中起着关键作用。这一方法涉及设计和实施问卷调查、面谈或其他形式的调查，以收集来自不同利益相关者的反馈和评价。关键在于通过直接从政策受益者（如乡村居民）、政策执行者、地方管理者，以及专家学者等收集信息，了解他们对政策实施效果的主观评价。这些调查通常包括一系列关于政策实施、影响和可能的改进领域的问题，参与者根据自己的观察和经验对这些问题进行打分或提供反馈。调查打分法的优势在于其

能够直接反映出政策的实际影响和受众满意度，增加了评价的实时性和相关性。通过综合分析这些调查数据，可以得出关于政策效果的综合评价，并为未来的政策调整和优化提供依据。然而，调查打分法也有其局限性，如可能受到参与者主观意识的影响，因此，通常需要与其他评价方法结合使用，以增强评价的全面性和准确性。

3. 关键绩效指标法

关键绩效指标法（Key Performance Indicator，KPI）在构建乡村振兴政策落实跟踪审计绩效评价指标体系中，注重于确定并使用一系列关键指标来衡量政策的绩效。这些指标应当能够具体、清晰地反映政策目标的实现程度。需要明确乡村振兴政策的主要目标和预期成果，然后识别出能够有效反映这些目标和成果的关键指标。这些指标可能包括经济增长率、就业率、居民生活质量、环境保护水平等。在选择指标时，应考虑其可测量性、相关性和代表性。之后，定期收集相关数据，对每个指标进行监测和评估。通过分析这些数据，可以评价政策的绩效，并据此进行政策调整和优化。关键绩效指标法的优势在于其简洁性和直接性，能够提供清晰的绩效衡量标准。但同时，它也需要注意避免过度依赖量化指标，忽视那些难以量化但同样重要的政策效果。

（二）指标体系的构建

在评价乡村振兴政策落实跟踪审计的绩效时，将指标体系分成了目标层、准则层和方案层三个层面。目标层为乡村振兴政策落实跟踪审计绩效评价，它是整个评价体系的核心，旨在全面衡量乡村振兴政策的执行情况和成效；准则层设置了政策制定、政策实施、政策监控和政策效果四个一级指标，每个部分关注政策落实的不同阶段和方面，为更加全面和具体的评估提供框架；方案层共确定了 17 个二级指标，为深入理解和评估政策的具体执行情况和成效提供关键信息。具体如表 5-1 所示。

表 5-1　村振兴政策落实跟踪审计绩效评价指标体系

目标层	准则层（一级指标）	方案层（二级指标）
乡村振兴政策落实跟踪审计绩效评价	政策制定	政策目标
		科学性
		项目数
		项目预算比
	政策实施	单位政策项目比例
		执行流程完善程度
		资金使用率
		岗位责任完善程度
		召开政策会议次数
	政策监控	问责人数比例
		滞后项目比例
		资金审核滞后比例
		制定的政策相关文件数
	政策效果	审计问题整改比例
		农村居民人均纯收入
		村民满意度
		地区环保支出比例

1. 政策制定

此部分聚焦于政策的设计和规划阶段。其三级指标包括政策目标、科学性、项目数和项目预算比。

（1）政策目标。这一指标关注政策目标的明确性和可实现性。明确的目标是政策成功的基础，确保所有相关方向着共同的方向努力。目标的明确性有助于后续的策略制定和资源分配。

（2）科学性。评估政策制定是否基于充分的研究、数据分析和专家

意见。科学性保证政策的合理性、有效性和可持续性。

（3）项目数。考察政策中包含的具体项目数量，反映政策的范围和细分程度。项目多样性可以确保各方面的需求被满足。

（4）项目预算比。分析各项目在总预算中的比重，评估资源分配的合理性。合理的预算分配对于实现政策目标至关重要。

2. 政策实施

这一部分着重于政策的执行过程。三级指标涉及单位政策项目比例、执行流程的完善程度、资金使用率、岗位责任的完善程度和召开政策会议的次数，反映了政策执行的效率和质量。

（1）单位政策项目比例。衡量各执行单位承担的项目数量，反映政策实施的广泛性和均衡性。

（2）执行流程完善程度。评估政策实施流程的规范性、透明性和效率。流程的完善程度直接影响政策执行的效果。

（3）资金使用率。反映政策项目资金的使用效率和有效性，是衡量资源利用和项目管理效能的关键指标。

（4）岗位责任完善程度。评价各岗位在政策实施中的责任明确程度和执行力度，反映组织管理和人力资源配置的有效性。

（5）召开政策会议次数。反映政策实施过程中沟通和协调的频率，着重解决执行中的问题和调整策略。

3. 政策监控

此部分关注对政策执行的监督和评估。其三级指标包括问责人数比例、滞后项目比例、资金审核滞后比例和制定的政策相关文件数，用以评价监控机制的有效性和问题处理能力。

（1）问责人数比例。反映政策执行中对责任人的问责程度，是评估监督机制严格性和有效性的重要指标。

（2）滞后项目比例。衡量延期或未按计划进行的项目所占比例，反映项目管理和执行效率。

（3）资金审核滞后比例。评估资金分配和使用的审核效率，关键于保障资金的及时和正确使用。

（4）制定的政策相关文件数。衡量政策监控过程中制定文件的数量，反映监控的细致程度和规范性。

4. 政策效果

这部分专注于评估政策的最终成果。三级指标包括审计问题整改比例、农村居民人均纯收入、村民满意度和地区环保支出比例，这些指标旨在衡量政策对经济、社会和环境的综合影响。

（1）审计问题整改比例。衡量政策审计后问题整改的比例，反映政策执行的改进和优化程度。

（2）农村居民人均纯收入。评估政策对农村居民经济水平的直接影响，是衡量经济振兴效果的重要指标。

（3）村民满意度。通过调查收集的数据，反映村民对政策效果的总体满意程度，是衡量政策社会接受度的重要指标。

（4）地区环保支出比例。反映政策在环境保护方面的投入，是衡量政策对生态环境影响的关键指标。

第五节　案例分析——以陇东地区为例

一、陇东地区乡村振兴政策落实跟踪审计发现的问题

自 2017 年 10 月 18 日党的十九大提出乡村振兴战略以来，审计署共公布了 8 份乡村振兴相关的审计结果公告，其中共有 4 份报告与陇东地

区有关。表 5-2 展示了陇东地区乡村振兴政策落实跟踪审计发现的问题。

表 5-2　陇东地区乡村振兴政策落实跟踪审计发现的问题

季度	政策执行方面	资金管理使用方面	项目建设方面
2018 年第一季度	易地扶贫搬迁项目落实效果差	—	
2018 年第二季度	—	改变扶贫资金用途、超额发放补贴	部分竣工扶贫项目收益低或无收益
2019 年第二季度	产业扶贫、教育扶贫、易地扶贫搬迁、生态扶贫等扶贫政策落实效果不佳	违规发放补贴	—
2019 年第三季度	农村饮水安全保障、特殊困难群体生活保障政策未落实到位；产业扶贫、就业扶贫、生态扶贫等扶贫政策落实效果不尽如人意	违规改变扶贫资金使用用途、未按相关规定发放补助、补贴资金发放不合规	

二、陇东地区乡村振兴政策落实跟踪审计存在的问题

（一）乡村振兴政策落实跟踪审计介入时间落后

根据审计署公布的与陇东地区相关的 4 份乡村振兴政策落实跟踪审计季度报告来看，审计报告的发布时间普遍滞后。这些报告通常在季度结束后的三个月才向公众公布，从而降低了审计的时效性和公信力。

（二）审计公告披露不足

第一，关于乡村振兴政策的基本情况和取得的成效通常未在审计公告中披露。这意味着公众无法充分了解政策实施的具体背景、目标，以及实施过程中所取得的成就，从而降低了公众对政策效果的了解和信任度。

第二，审计发现的问题通常仅以概括性的描述提供，例如，"某政策/项目存在某几类问题，涉及某数额资金"，而没有对问题的具体情况进行详细描述。这种披露方式缺乏具体性和透明度，无法让公众充分理解

审计过程中发现的具体问题，从而影响了审计结果的公信力和实际影响力。

第三，关于审计处理和整改情况的信息，通常与其他政策审计结果合并披露，且缺乏对后续跟踪整改情况的具体信息。虽然部分审计结果公告披露了整改效果较好的事例，但仅限于描述整改结果，并未提供整改过程的详细信息。

（三）乡村振兴政策落实跟踪审计人才匮乏

乡村振兴政策的复杂性要求审计人员不仅需要掌握传统的审计知识和技能，还需具备对农业经济、地区发展和相关政策的深入理解。然而，目前陇东地区在这方面的专业审计人才相对缺乏。这种人才短缺可能是由于培训和教育资源的不足，或者是专业人才流失到更发达地区的结果。

（四）缺乏乡村振兴政策落实跟踪审计绩效评价

有效的绩效评价是监测和提高政策实施效果的关键工具。它不仅能帮助审计机构了解政策落实的情况，还能为政策制定者提供反馈，帮助他们调整和优化政策。然而，陇东地区在这方面似乎缺乏一个明确的、量化的绩效评价体系。缺乏绩效评价意味着审计机构可能无法全面评估政策落实的效果，包括政策是否达到了预期目标、实施中存在哪些问题，以及如何进行改进。这种情况可能导致政策实施效果得不到准确的评估，从而影响整体的政策效率。

三、陇东地区乡村振兴政策落实跟踪审计的完善策略

（一）将审计介入的时间提前

针对陇东地区乡村振兴政策落实跟踪审计介入时间滞后的问题，提

前审计介入时间是关键。这要求审计机构在政策规划和初步实施阶段就开始参与。提前介入可以使审计机构在政策制定过程中提供及时反馈，帮助政策制定者识别潜在风险和漏洞，确保政策更加科学合理。此外，事中审计可以及时跟踪政策实施的效果，及时发现和纠正执行过程中的偏差，避免政策执行偏离预定目标。事前和事中审计的结合不仅提高了政策的执行效率，还增加了政策成功的可能性。同时，这也能够增强审计工作的预防性和指导性，从而使审计不仅仅是事后的问责工具，还是政策执行的有效参与者。

（二）增强审计公告的透明度和详细性

审计公告的透明度和详细性不足会影响公众对审计结果的理解和信任。为解决这一问题，陇东地区审计机构需要发布更详细、更具透明度的审计公告。这意味着不仅要披露审计发现的问题，还要具体说明问题的性质、影响范围，以及涉及的资金规模。公告中应包含具体的案例分析，以便公众更好地理解审计发现的问题。此外，审计整改情况的披露对于提高公众对审计工作有效性的认识至关重要。公告中应包含关于政策整改措施的详细信息，包括整改措施的具体内容、实施进度，以及预期效果。这种全面和透明的信息披露能够增强公众对审计工作的信任和政策实施的信心。

（三）加强审计人才培养和引进

面对审计人才匮乏的问题，培养和引进具备相关专业知识和技能的审计人才是关键。这需要陇东地区审计机构和教育机构之间的密切合作，以确保审计教育和培训与实际工作需求紧密相连。通过设置与乡村振兴政策相关的专业课程，可以培养具有农业经济、地区发展等方面知识的专业人才。同时，引进经验丰富的审计专家，进行内部培训和经验分享，可以快速提升现有审计人员的专业能力。此外，审计机构还可以提供持

续的职业发展机会和激励机制，吸引和留住人才，确保审计工作的连续性和效果。

（四）建立科学的绩效评价体系

缺乏有效的绩效评价体系会导致无法准确评估政策的实施效果。建立一个全面的绩效评价体系，包括明确的评价指标、方法和反馈机制，对于改善这一问题至关重要。绩效评价体系应围绕政策的目标、执行过程和成果展开，以量化和定性指标衡量政策实施的有效性。这包括但不限于政策的覆盖范围、受益人群满意度、资源使用效率等方面。此外，绩效评价结果应用于指导政策调整和改进，确保政策目标的实现。通过这种全面的绩效评价，审计机构能够提供有价值的反馈，帮助政策制定者优化政策设计和执行策略。

第六章 信息化驱动农村审计
创新发展

随着信息时代的到来，信息化已成为推动乡村治理现代化的关键力量。本章将分析信息化如何驱动农村审计的创新发展。

第一节 农村信息化概述

农村信息化是整个国民经济和社会信息化的重要方面，农村信息化是以信息媒体技术装备农村相关领域，使信息资源在农村得以充分开发、应用，加快农村经济发展和社会进步的过程，逐步由农业社会向信息社会过渡。

一、农村信息化的意义

农村信息化不仅是促进社会主义新农村建设的重要手段，还在加强农村经济、政治和文化各个方面的发展中发挥着关键作用。通过信息化建设，可以有效提升农村地区的综合发展水平，使之成为推动国家现代化进程的重要环节。农村信息化不仅是我国现代化道路上的一个关键环节，也是加快现代化步伐的新机遇。通过整合和应用先进的信息技术，

我国的农村地区可以更有效地参与到全国乃至全球的经济体系中，实现可持续和全面的发展。

（一）改变农村经营方式，增加农民收入

1. 改变农村经营方式

农村信息化对农村经营方式的改变具有深远意义，它不仅推动了农业生产方式的现代化，还加速了农村经济结构的转型。传统农业经营依赖于经验和天气，而信息化则通过引入先进的信息技术，如大数据、物联网、云计算等，使得农业生产更加科学化、精确化。例如，通过使用卫星定位和遥感技术，农民能够更精确地进行土地管理和作物种植，从而提高产量和品质。此外，物联网技术可以用于监测农作物的生长条件，如土壤湿度、温度等，帮助农民及时调整灌溉和施肥策略。

信息化还促进了农业的智慧化。智能农业系统能够根据实时数据自动调整生产条件，提高了农业生产的自动化和智能化水平。这不仅减轻了农民的劳动强度，还提高了资源利用效率，减少了浪费。例如，智能灌溉系统能够根据土壤湿度自动调节水量，既节省了水资源，又保证了作物的生长需求。

除了生产方式的改变外，信息化还促进了农村经营的多元化。随着互联网和电子商务的发展，农民能够通过网络销售产品，拓宽了销售渠道，提高了产品的市场竞争力。电子商务平台不仅为农民提供了一个更广阔的市场，还有助于农产品的品牌化和高端化。此外，信息化还促进了农村旅游业、休闲农业等新兴产业的发展，为农民创造了更多的经济收入来源。

2. 增加农民收入

信息化在增加农民收入方面发挥着至关重要的作用。第一，通过提

升农业生产效率和产品质量，农民能够获得更高的经济回报。信息化技术使得农业生产更加规范化和科学化，提高了单产和作物质量，从而直接增加了农民的收入。例如，精准农业技术能够提高化肥、农药的使用效率，减少成本，同时提升作物的产量和质量，增加了农民的销售收入。

第二，信息化开辟了新的销售渠道和市场。农民通过电子商务平台直接向消费者销售产品，减少了中间环节，提高了销售效率和利润率。互联网还为农民提供了更多信息，帮助他们了解市场需求和价格变化，使得他们能够做出更为合理的生产和销售决策。

第三，信息技术还增加了农村地区的就业机会。随着农村信息化的发展，新的就业岗位，如电子商务运营、网络营销、信息技术服务等岗位逐渐增多，为农民提供了更多元化的收入来源。

（二）带动农业科技的发展

农村信息化促进了农业科技的数字化和智能化转型。随着信息技术的快速发展，大数据、物联网、云计算、人工智能等现代科技手段逐渐应用于农业领域。例如，通过大数据分析，可以精确预测天气变化、病虫害发生、作物生长情况等，为农业生产提供科学的决策支持。物联网技术在农业中的应用，如智能灌溉系统、温室环境控制等，使得农业生产更加精准和高效。此外，人工智能和机器学习的应用，如智能农业机器人、病虫害识别系统等，不仅提高了农业劳动的自动化水平，还提升了农业生产的智能化水平。

农村信息化推动了农业科技研发和创新。信息技术的应用为农业科研提供了更加丰富和精准的数据支持，使得科研人员能够更有效地进行研究和实验。互联网使得科研人员能够更加便捷地获取最新的农业科技信息和研究成果，促进了国内外科技成果的交流和共享。此外，信息技术还为农业科技创新提供了新的方法和工具，如通过模拟和预测

软件进行作物生长模拟、育种研究等，加速了新技术、新品种的研发和推广。

农村信息化加强了农业科技的推广和应用。通过建立在线农业技术服务平台、移动应用等，农民可以更方便地获取到先进的农业技术和管理知识。这种方式不仅提高了农业科技成果转化的效率，也降低了科技推广的成本。此外，网络培训、远程教育等方式使得农民能够在不离开农村的情况下接受现代农业科技教育，提高了农民的科技素养和创新能力。

农村信息化为农业科技创新提供了市场需求和反馈。信息技术使得农民和企业能够直接了解市场需求和消费者偏好，为农业科技创新提供了方向。这种市场驱动的创新机制，加快了农业科技产品从实验室到市场的转化过程。同时，通过收集和分析市场数据，企业和科研机构能够及时调整研发策略，更加精准地满足市场需求。

（三）促进农村基层政府行政效率的提高

农村信息化在提高农村基层政府行政效率方面发挥着至关重要的作用。这一过程不仅涉及信息技术的应用，还包含了政府管理模式的改革和优化，其具体意义可从以下几个方面进行深入分析。

第一，信息化促进了政府服务流程的优化和简化。通过引入电子政务系统，农村基层政府能够将传统的纸质流程转化为电子流程，大大减少了文书工作和行政流程中的时间消耗。例如，农民现在可以通过在线平台提交申请表格、查询政策信息、办理各类证件等，不再需要亲自前往政府部门排队办理。这种流程的电子化不仅提高了工作效率，也提升了政府服务的可访问性和便利性。

第二，农村信息化有助于提高政府决策的科学性和准确性。政府部门可以利用大数据分析、云计算等技术收集和处理大量信息，从而更有效地进行决策支持。例如，通过分析农业生产数据、市场需求变化等信

息，基层政府可以更精准地制定农业支持政策，有效地分配资源。此外，实时数据的获取和分析还使政府能够及时响应各种突发事件，如自然灾害、疫情等，提高应急管理的效率和效果。

第三，农村信息化提高了政府管理的透明度和公众参与度。通过在线信息公开平台，农村居民可以轻松访问政府的政策文件、工作报告、预算和支出等信息，增强了政府的透明度和公信力。同时，利用社交媒体、在线论坛等渠道，政府部门可以与公众进行更直接的沟通和交流，收集民意反馈，鼓励公众参与政策制定和监督过程。

第四，农村信息化还推动了政府服务模式的创新。随着移动互联网和智能终端的普及，基层政府可以通过移动应用、微信公众号等平台提供更加个性化和便捷的服务。例如，政府可以通过手机应用推送农业技术指导、天气预报、市场信息等，帮助农民提高生产效率和经济收益。此外，信息化还为基层政府提供了进行远程教育、医疗咨询等社会服务的新途径。

（四）促进社会主义新农村文化建设和传播

农村信息化不仅为农村文化的保护、创新和传播提供了新的途径和平台，而且有助于加强农村文化的多样性和活力，进而促进了社会主义新农村的全面发展。

1. 农村信息化为新农村文化建设提供了强有力的技术支持

随着互联网、移动通信和数字媒体技术的广泛应用，农村地区能够更加便捷地获取和分享各种文化资源。这种技术的普及和应用有助于保护和传承传统农村文化。例如，通过数字化技术，可以对传统民间艺术、手工艺品、乡土历史等进行记录和存储，使之成为可持续传承的文化遗产。此外，互联网平台如社交媒体、视频分享网站等为农村文化的展示和推广提供了广阔的空间，使得更多人能够了解和欣赏农村的传

统文化。

2. 农村信息化促进了农村文化的创新和多元化

信息化不仅为农民提供了接触和学习新知识、新思想的机会，还激发了他们对传统文化的新理解和创新。例如，农民可以通过互联网学习现代艺术形式和技术，将其融入传统手工艺中，创造出具有时代特征的新型文化产品。此外，互联网还为农村居民提供了与外界文化交流的机会，促进了不同文化之间的相互借鉴和融合，丰富了农村文化的内涵。

3. 农村信息化有助于提升农村文化教育和普及水平

通过网络教育平台、在线课程等，农村居民可以方便地接受各类文化教育，提高自身的文化素养和审美能力。这种教育的普及不仅增强了农民对传统文化的认识和自豪感，还促进了他们对现代文化的理解，有助于形成更加开放和包容的文化氛围。

4. 农村信息化有利于提升农村文化传播效率和影响力

通过互联网和新媒体，农村的文化活动和成果可以迅速传播给更广泛的受众。这不仅提升了农村文化的知名度和影响力，还促进了农村与城市、国内与国际的文化交流和互动。例如，农村的节日庆典、民间艺术展示等通过网络直播和分享，能够吸引城市居民和外国游客的注意，促进了农村文化的外向型发展。

二、农村信息化的主要内容

农村信息化的核心内容主要包括三个层面：农村信息技术层、农村信息服务层、农村信息应用层，如图 6-1 所示。

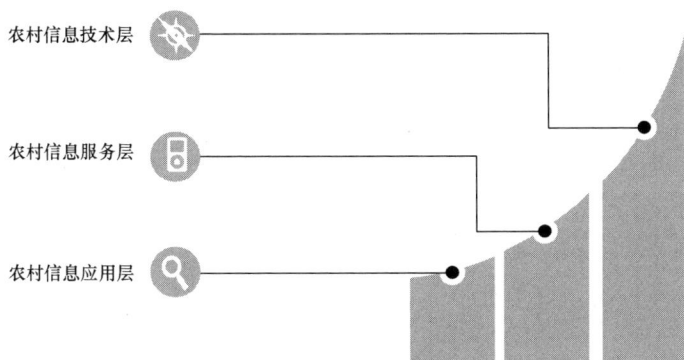

图 6-1 农村信息化的主要内容

（一）农村信息技术层

农村信息技术层是农村信息化的基础和核心，它涉及将现代信息技术引入农村地区，为农村的信息化发展提供技术支持和基础设施。具体来说，农村信息技术层主要包括以下几个方面。

1. 基础信息基础设施建设

这是农村信息化的首要任务，涉及互联网、移动通信网络、数据中心等基础设施的建设和完善。在这一层面上，重点是提升农村地区的互联网接入能力和网络覆盖率，确保农村居民能够顺畅接入互联网，享受到网络带来的便利。此外，建设稳定可靠的数据传输和存储设施也至关重要，这不仅支持农村的日常通信需求，还为后续的信息服务和应用提供了基础。

2. 信息技术普及和教育

要实现农村信息化，仅仅拥有基础设施是不够的，还需要提升农村居民的信息技术水平和应用能力。这包括通过培训课程、研讨会等方式，提高农民对计算机、智能手机、互联网应用等基础信息技术的了解和使用能力。信息技术教育的普及对于缩小城乡数字鸿沟、提升农民的信息素养至关重要。

3. 农村信息安全和隐私保护

随着农村信息化程度的提升，信息安全和隐私保护成为不可忽视的重要议题。这包括建立健全的信息安全体系，提升网络安全防护能力，以及加强对个人隐私的保护。确保农村信息化发展过程中数据的安全和农民隐私的保护，对于维护信息化健康、可持续发展具有重要意义。

（二）农村信息服务层

主要是指以信息采集、加工、存储、传输、发布等为主要内容的服务产业发展，即生产、提供信息的农村信息服务业的发展。农村信息服务业是指利用计算机、通信和网络等现代信息技术，从事涉农信息资源开发和利用的服务性产业，包括信息数据、检索、查询、商务咨询等，是信息产业中的软产业部分。也可以说，农村信息服务业就是将各种涉农信息计算机化、数据库化和网络化，加快开发利用政府信息资源、公共信息资源、市场信息资源，以及其他领域信息资源，及时将各种有价值的信息提供给各类农业组织和广大农民群众，实现农村信息的共享和充分利用。农村信息服务业广义上包括广播影视业、出版业、媒体业、咨询业、网络信息服务业等以信息内容加工为对象，以信息形态为最终产品形式的所有产业部门；狭义上主要是指网络信息服务业，涉及农村电子商务服务、电子政务服务、数字图书馆服务、网络数据库服务、电子出版服务、网络信息咨询服务等各个方面、各类涉农网站、涉农信息中心，以及涉农媒体运营商、数据库开发运营商、信息咨询商、信息发布代理商等是农村网络信息服务的主要提供者。各类涉农信息的收集、存储、加工、传输、利用是农村信息服务的主要形式。农村信息服务的主要内容包括服务、电子邮件服务、名录服务索引服务等基础网络信息服务，联机数据库服务和数据库服务，网络信息资源的检索、导航等搜索引擎服务，数字图书馆服务，信息加工分析和预测预警等咨询服务。

（三）农村信息应用层

农村信息应用层是指现代信息技术和信息服务在农村经济、社会、文化、政治等各个方面的渗透与应用程度，及其在推动农村经济发展和社会进步中的作用，这既是信息化的本质，又是信息化的目标。即利用现代信息技术和信息资源改造传统农业产业、推动经济运行机制变革、社会组织形式创新、思想观念变革和人民生活方式革命性转变的过程，也就是利用现代信息技术和信息资源推动社会生产方式社会生活方式、人们思想观念转变的过程，推动传统农业经济、工业经济形态向现代信息经济、知识经济形态转变的过程，推动农业社会、工业社会向信息社会转变的过程。农村信息应用首先表现在利用现代信息技术和信息资源改造和提升传统农业产业上，提高我国农业经济在国际上的竞争力。农村信息应用表现在现代信息技术和信息资源在农村社会事业各个领域的应用程度，如农村与农业科研、教育、文化、卫生等各个领域信息技术应用水平和信息资源开发利用程度，农村基础设施的信息化水平、农村社会服务的信息化水平等。农村信息应用表现在现代信息技术和信息资源对人们思想观念、生活方式的影响程度。农村信息应用还表现在现代信息技术和信息资源在农业与农村行政管理中的应用水平及影响程度，电子政务、信息公开、网上办公等业务的发展，有力地提高了行政管理效率和政府服务效能，转变政府职能，推行政务公开，建立廉洁、透明、高效、开放、节约型农村行政管理体制。

第二节　农村审计信息化的意义

农村审计信息化是指在农村地区实施的审计活动中引入和应用信息技术，以提高审计工作的效率和质量。这涉及使用各种信息化工具和技

术，如电子数据处理、数据库管理、云计算、大数据分析，以及移动技术等，来收集、处理、分析和报告审计相关的数据。

在农村审计信息化中，传统的手工审计方法被现代化的信息技术所替代或补充，使得审计过程更加高效、准确。这不仅加快了审计的速度，提高了数据处理的能力，还提升了审计结果的透明度和可靠性。同时，农村审计信息化还有助于跨区域的协作和资源共享，支持决策和政策制定，并在一定程度上促进了农村地区的财务管理和监督的现代化。具体来说，农村审计信息化的意义体现在以下几方面，如图 6-2 所示。

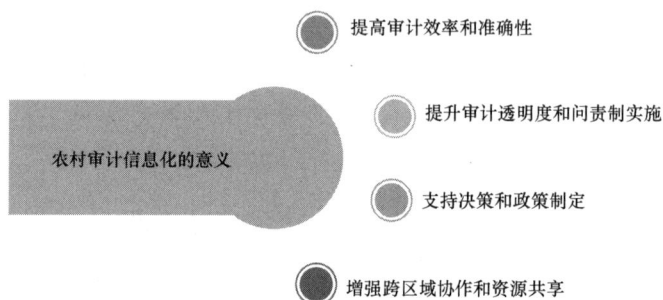

提高审计效率和准确性

农村审计信息化的意义

提升审计透明度和问责制实施

支持决策和政策制定

增强跨区域协作和资源共享

图 6-2　农村审计信息化的意义

一、提高审计效率和准确性

在当今时代，信息技术的迅猛发展为各行各业带来了深远的影响，审计领域也不例外。特别是在农村地区，由于其特殊的地理和经济环境，财务管理往往呈现出分散和非标准化的特点。因此，农村审计信息化在提高审计效率和准确性方面扮演着至关重要的角色。

农村审计信息化通过电子化处理大量数据，显著提高了审计效率。在传统的手工审计过程中，审计人员需要花费大量时间收集、整理和分析纸质财务记录，这不仅效率低下，而且容易出错。而信息化审计则通过使用电子数据处理技术，如电子数据交换（EDI）和云计算，能够迅速

处理大量复杂的数据,从而节省时间,提高审计的工作效率。例如,通过使用云计算平台,审计人员可以实时访问和分析位于不同地区的财务数据,这对于地理分布广泛的农村地区尤为重要。

农村审计信息化通过应用先进的数据分析工具和技术,极大地提高了审计的准确性。这些工具和技术包括但不限于数据挖掘、人工智能(AI)和机器学习算法,它们能够识别数据中的模式和异常,从而帮助审计人员有效地检测潜在的财务问题和风险。例如,机器学习算法可以通过分析历史财务数据,预测和识别可能的欺诈行为或错误记录。这对于农村地区来说尤为重要,因为那里的财务活动可能更加非正规和多样化,传统的审计方法难以覆盖和识别所有潜在的问题。

二、提升审计透明度和问责制实施

农村审计信息化通过建立在线平台和数据库,极大地提升了财务管理的透明度。在传统的审计模式中,审计结果通常以纸质报告的形式发布,这不仅限制了信息的传播速度和范围,而且增加了信息被篡改或误解的风险。信息化审计通过在线发布审计结果,使得政府部门、捐助者和公众都能实时访问最新的审计信息。这样的即时性和可访问性使得各方利益相关者可以更快地了解和监督资金的使用情况,从而提高公共资源管理的透明度。

信息化审计还有助于加强问责制的实施。在信息化的环境中,审计记录和结果的电子化存储使得审计信息更容易追溯和核查。这意味着不当行为或不规范的财务管理活动更容易被发现和纠正。此外,通过数据分析技术,如趋势分析和异常检测,信息化审计可以更有效地识别潜在的风险和问题,及时采取措施,防止问题的发生和扩散。

信息化审计还有助于减少腐败和滥用行为。在一个高度透明和及时的审计环境中,不当行为的隐蔽空间将大大缩小。通过在线审计平台的

建立，各方利益相关者可以更好地监督和评估财务决策和资金流向。这种监督不仅限于审计完成后的反馈，还包括在整个财务活动期间的持续监控，从而在问题初期就能进行干预和纠正。

三、支持决策和政策制定

农村审计信息化对于支持决策和政策制定具有深远的意义。在现代社会，数据和信息是制定有效政策的关键。特别是在农村地区，准确、及时的财务信息对于理解经济状况、制定合适政策至关重要。

信息化审计提供了一个全面的财务数据框架，有助于政策制定者更全面地理解农村地区的经济状况。在传统的审计模式下，由于数据收集和处理的限制，政策制定者往往只能获得有限的、滞后的财务信息。而信息化审计通过实时更新和处理大量数据，能够提供更加全面和及时的经济指标。例如，通过追踪和分析农村地区的收入、支出、投资和债务等数据，政策制定者可以更准确地评估农村经济的健康状况，识别潜在的风险和机遇。

信息化审计通过高效的数据分析支持更精准的政策制定。利用先进的数据分析工具，如人工智能和机器学习算法，审计人员可以深入挖掘财务数据中的潜在模式和趋势。这些分析结果对于理解农村地区的经济动态和居民需求非常重要。例如，通过分析农村地区的收入来源和支出模式，政策制定者可以制定更有针对性的扶贫政策，确保资源被有效地分配到最需要的地方。

信息化审计还有助于实现政策的动态调整和优化。在信息化环境中，政策制定者可以实时接收到关于政策执行效果的反馈，这使得他们能够及时调整和优化政策。例如，如果某个农村发展项目的审计结果表明效果不佳，政策制定者可以立即采取措施调整项目方向或增加资源投入，确保项目的成功。

四、增强跨区域协作和资源共享

农村审计信息化在增强跨区域协作和资源共享方面扮演着至关重要的角色，这对于提升整体审计工作的效果具有显著意义。在农村地区，由于资源和专业知识的限制，单独的地区或机构往往难以有效应对复杂多变的审计挑战。信息化为跨区域协作和资源共享提供了强大的平台和工具，促进了知识和经验的广泛传播和应用，从而提高了整体审计能力和效率。

（一）促进区域间知识共享和经验传播

信息化平台使得不同地区的审计机构可以轻松共享审计方法、技术和经验。在这个平台上，审计机构不仅可以发布自己的审计报告和方法，还可以讨论审计中遇到的问题和解决方案。这种开放和共享的环境有助于快速传播有效的审计实践和创新方法，尤其是那些已经在某一地区成功实施的方法。例如，一些地区在应对特定财务问题或欺诈行为方面可能已经积累了丰富的经验和有效的策略，这些宝贵的经验可以通过信息化平台迅速传播到其他地区，指导他们有效应对类似挑战。

（二）促进区域间资源优化配置

在资源有限的农村地区，通过信息化平台的资源共享可以实现资源的优化配置。例如，通过共享平台，不同地区的审计机构可以共享审计软件、数据库和其他技术资源，减少了各自独立开发或购买这些资源的成本。此外，信息化还允许审计机构共享人力资源，如通过远程协作，允许具有特殊专长的审计人员跨区域参与审计工作，提升审计工作的专业性和有效性。

通过跨区域的协作和资源共享，农村地区的审计水平可以得到整体提升。信息化平台不仅促进了知识和经验的传播，还有助于形成更为统

一和标准化的审计实践。这种标准化对于提高审计工作的质量和可靠性至关重要，尤其是在经济条件和审计实践差异较大的农村地区。

第三节 农村审计信息化建设的策略

一、我国农村审计信息化已取得的成就

（一）审计管理信息化建设成果显著

这些成果不仅体现在网络和网站建设的全面性和高效性上，也体现在审计信息管理和办公自动化的深入应用上。这些进步不仅提高了审计工作的效率和质量，还增强了公众对审计工作的理解和参与，为进一步提升我国农村审计信息化水平奠定了坚实的基础。

我国审计机构在审计网络和网站建设方面取得了显著的成就。通过建立由单位内局域网、系统专用网和因特网三套网络组成的信息网，实现了各级审计机构的互联互通。这种网络架构不仅在物理上保持独立和安全，而且在信息上实现了高效的联通，极大地提高了审计信息的传递速度和准确性。此外，审计署的中文和英文网站的建立，为公众和专业人士提供了一个获取审计信息和资源的便捷平台，增强了审计工作的透明度和公众参与。

我国在审计信息管理计算机化和审计办公自动化方面也取得了重要进展。通过开发多个审计信息管理系统和审计办公自动化系统，如《机关计算机辅助办公系统》，审计机构能够更高效地处理公文、管理审计对象，以及执行财务和人事管理等任务。这些系统的功能包括文书起草、审核、签发、收集、分类、归档、查询和按密级管理等，大大提高了审计机构的工作效率和管理水平。

这些审计管理信息化的成果已在全国审计机构内广泛推广使用。各

级审计机关普遍利用计算机进行公文处理、审计对象管理、机关财务管理、人事管理和文件档案管理等，标志着审计工作的信息化、自动化水平有了显著提升。同时，注册会计师协会和会计师事务所也广泛利用计算机进行文字处理、表格处理和资料管理，采用办公自动化技术，进一步提高了审计的专业性和效率。

（二）建立了信息化审计准则和规范

信息化审计准则和规范的建立是对传统审计方法的必要补充和更新。随着信息技术的快速发展和广泛应用，传统的审计方法和标准已无法完全满足新形势下的审计需求。因此，我国审计机关针对信息化环境下的特殊需求和挑战，制定了一系列信息化审计准则和规范。这些准则和规范涵盖了信息化审计的各个方面，包括数据收集、处理、分析和报告等，为审计人员提供了明确的指导和标准。这些准则和规范的制定，不仅提高了审计工作在信息化环境下的适应性，而且促进了审计活动的标准化。通过遵循统一的信息化审计准则，审计工作可以在全国范围内保持一致性和可比性，这对于提高审计质量和公信力至关重要。同时，标准化的审计流程和方法也有助于提升审计效率，降低审计成本。

（三）审计软件的开发取得了显著进步

由于审计环境和审计工作的不确定性，我国审计软件的开发多年来受到较大的困扰，但近几年来有所突破，取得了显著进步。目前，我国较成功的审计软件主要有以下几大类。

1. 审计法规检索系统

这类软件使审计人员能够迅速检索和查阅相关的审计法规和标准，提高了对法规的访问速度和理解准确度。特别是在农村地区，审计人员面临的案例可能涉及多种复杂情况，快速获取准确的法规信息对于确保

审计工作合法性和标准性至关重要。

2. 审计信息管理系统

该系统优化了审计数据的收集、处理、存储和分析流程。通过信息管理系统，审计人员可以有效地管理审计任务，跟踪审计进度，以及存储和分析审计数据。这对于提高审计效率和质量尤为重要，特别是在数据量大和任务繁重的农村地区。

3. 审计抽样软件

审计抽样软件对于处理大量数据，特别是在财务审计中选择代表性样本至关重要。这类软件可以帮助审计人员基于科学和统计原则进行抽样，确保审计结果的代表性和准确性。

4. 企业审计软件

企业审计软件专为企业财务审计设计，它能够处理企业财务数据，识别财务报表中的异常或潜在问题。在农村地区的企业和合作社中，此类软件有助于提高财务透明度和规范性。

5. 行业审计软件

包括基建工程预决算审计软件、财政预算执行审计软件、银行审计软件、外资审计软件和海关审计软件等，这些软件针对特定行业的特殊需求和复杂性设计，使审计工作更加精准和高效。例如，在基建工程和财政预算领域，这些软件能够帮助审计人员更好地理解项目成本、预算执行情况和资金流向等。

6. 适合会计师事务所使用的审计软件

这些软件通常涵盖广泛的审计功能，包括但不限于财务分析、风险评估和报告生成等，适用于会计师事务所的日常审计工作。它们能够帮

助会计师更高效地完成审计任务，确保审计质量和专业性。

7. 数据库软件

在电算化环境下，财务数据一般以数据库的形式保存。农村电算化软件常使用的有 Access、SQLServer、FoxPro 的数据库，这些数据库都可以用 SQL 语句进行操纵，可以用数据库软件打开这些数据库，直接查询数据库的原始数据。有些农村集体经济组织设有下属单位，如水厂等，由于收款业务多，通常使用很简单的收费软件处理收款数据并打印收据。这些下属单位经常管理不善，但如果仅用手工方式审计，往往面对大量的收据而无从下手，难以确定是否存在问题。在这种情况下，若用数据库软件直接查询收款数据库里的原始数据，并对这些数据进行汇总、分类、对比、分析，将有助于发现问题所在。

（四）取得了大量计算机辅助审计实践成果

近年来，我国在农村审计信息化方面取得了显著成就，特别是在计算机辅助审计（CAA）实践上的成果。计算机辅助审计是利用计算机帮助审计人员执行审计工作，这种方法不仅提高了审计效率，还增强了审计的质量和准确性。

在我国，各级审计机关在审计署的推动下，已在多个领域广泛尝试并实施了计算机辅助审计。这些领域包括财政预算执行审计、银行审计、海关审计、企业审计等。通过使用计算机辅助审计，审计工作的效率得到了大幅提升。例如，在财政预算执行审计中，利用计算机辅助审计可以迅速分析大量的财务数据，快速识别预算执行过程中的异常或不规范行为。在银行和海关审计中，计算机辅助审计同样显示了其优越性，能够高效处理大量复杂的交易记录，及时发现潜在的风险和问题。

会计师事务所在计算机辅助审计方面也取得了显著进展。这些事务所不仅广泛利用计算机进行文字处理、客户管理和业务管理，而且开始

将其用于辅助审计工作。许多事务所使用 Excel 编制各种审计表格、进行分析性复核、编制合并报表等,这极大地提高了审计工作的灵活性和有效性。例如,利用 Excel 进行分析性复核可以迅速对比和分析不同时间段或不同部门的财务数据,及时发现财务报表中的异常。此外,一些事务所还利用通用审计软件或自行开发的专用审计软件来辅助审计工作,这些软件能够有效地处理审计数据,提高审计的准确性和专业性。

我国在计算机辅助审计方面的实践成果标志着农村审计信息化的重大进步。这些成果不仅体现在提高审计效率和质量上,还体现在审计工作的现代化和专业化上。随着技术的不断发展和应用,计算机辅助审计在未来有望在更多领域和更深层次上发挥其作用,为我国农村地区的审计工作贡献更大的力量。

二、进一步加强农村审计信息化建设的策略

农村审计信息化的实施是一项复杂的系统工程,需要在思想意识上、审计理论研究上,以及审计实践工作上进行全面的改进与探索。具体来说,进一步加强农村审计信息化建设的策略如图 6-3 所示。

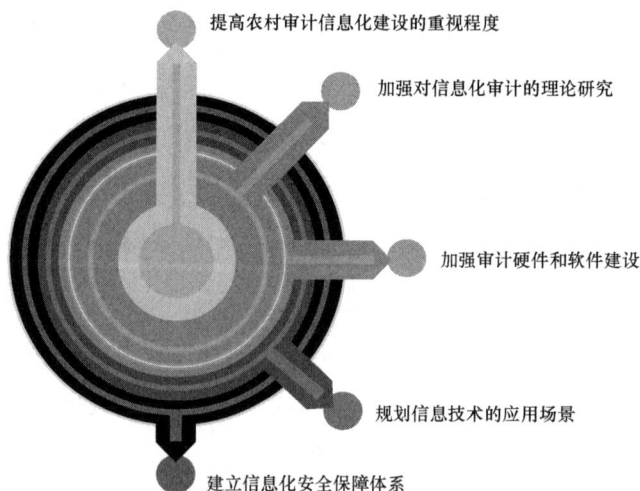

提高农村审计信息化建设的重视程度

加强对信息化审计的理论研究

加强审计硬件和软件建设

规划信息技术的应用场景

建立信息化安全保障体系

图 6-3　进一步加强农村审计信息化建设的策略

（一）提高农村审计信息化建设的重视程度

加强农村审计信息化建设需要在思想意识上给予高度重视。这一策略涉及的关键因素主要包括领导干部和审计人员的思想转变。

1. 领导干部的角色和思想转变

在农村审计信息化建设中，领导干部的角色至关重要。信息化是一把手工程，这意味着领导层需要转变思想认识，将信息化建设作为优先事项来抓。领导干部不仅需要理解信息化的重要性，而且要主动推动相关政策和措施的实施。例如，在宁波市审计局的实践中，领导层将信息化建设作为重点任务，并设定了具体的工作目标和措施，这对于确保信息化建设的有效性和连贯性至关重要。

2. 审计人员的认识提升

审计人员是农村审计信息化建设的直接实施者。因此，他们必须充分认识到传统农村审计管理模式和手工审计方法已无法满足当前国民经济信息化和会计电算化的发展要求。审计人员需要提高对信息化建设的认识，树立进取、求实和创新的精神。他们应主动学习和掌握计算机知识，以适应新的审计环境和要求。在推进农村审计信息化的过程中，需要克服审计人员可能存在的畏难情绪和等待思想。这要求审计人员不仅要提高自身的专业技能，而且要积极参与到信息化建设的实践中去，通过实际操作来增强对信息化工具和技术的熟悉度。审计人员需要增强对农村审计信息化建设紧迫性的认识。面对快速发展的经济和不断变化的审计环境，审计人员应具备创新精神，不断探索和尝试新的方法和技术。通过创新和主动实践，农村审计工作能够达到新的层次和水平，更好地适应改革开放和经济发展的需要。

（二）加强对信息化审计的理论研究

信息化审计与传统审计是相辅相成的，它不仅改变了审计的执行方式，还拓展了审计的范围和深度。然而，缺乏坚实的理论支持，信息化审计难以长远且深入地发展，也难以在审计工作中发挥其应有的作用。因此，加强对信息化审计理论的研究显得尤为重要。

1. 理论研究的必要性

加强对信息化审计理论研究的必要性可以从以下三个方面进行论述。

（1）适应审计环境的快速变化。随着信息技术的迅猛发展和广泛应用，审计环境正在经历前所未有的变化。这些变化不仅体现在审计数据的来源和类型上，还体现在审计方法和工具上。例如，大数据、云计算和人工智能等新兴技术正在逐渐成为审计工作的重要组成部分。在这种背景下，加强对信息化审计的理论研究变得尤为重要，这有助于审计工作更好地适应技术发展的趋势，保证审计工作的有效性和实时性。

（2）促进审计方法和技术的创新。信息化审计理论研究的加强不仅能够提供对新兴技术和工具的深入理解，还能够促进审计方法和技术的创新。随着审计领域的不断扩展和深化，传统的审计方法可能无法完全满足新的审计需求。因此，理论研究可以帮助审计人员掌握新的审计技能，发展新的审计方法，如利用数据分析来提高审计的效率和准确性。同时，理论研究还可以指导审计实践中的创新，使审计工作更加高效和全面。

（3）提高审计质量和专业性。加强信息化审计的理论研究还有助于提高整个审计工作的质量和专业性。随着信息化审计在实践中的广泛应用，对审计标准和准则的要求也在不断提高。通过理论研究，可以发展和完善与信息化审计相关的标准和准则，保证审计工作的规范性和一致性。此外，理论研究还有助于提升审计人员的专业能力，使他们能够更

好地应对复杂的审计任务，确保审计工作的独立性、客观性和公正性。

2. 信息化审计理论研究的内容

（1）信息化审计的理论框架与基础。理论研究需要构建和完善信息化审计的理论框架。这包括审计的基本原理在信息化环境下的适应和演变，审计目标和审计效果评价标准的调整，以及信息化审计过程中的关键环节和方法论。例如，研究应该探讨在信息技术广泛应用的背景下，审计的风险评估、证据收集和分析等环节如何适应这种变化，以及信息化审计中新兴技术（如大数据、人工智能）的角色和影响。

（2）审计技术和方法的深入研究。信息化审计的理论研究还应深入探讨具体的审计技术和方法。这包括数据分析技术在审计中的应用、算法和模型在审计证据分析中的作用，以及新兴技术如区块链、云计算在审计中的潜在应用和挑战。理论研究还需要关注这些技术如何改变传统的审计程序和流程，以及它们对审计质量和效率的具体影响。

（3）审计伦理和信息安全。在信息化审计中，审计伦理和信息安全成为不可忽视的重要方面。理论研究需要探讨在数字化、网络化的审计环境中，如何维护审计伦理标准，包括数据的保密性、客观性和独立性的保障。同时，还需研究信息安全在审计中的重要性，特别是如何保护审计过程中敏感数据的安全、如何防范网络攻击和数据泄露等风险。

通过对这些方面的深入理论研究，可以为信息化审计的实践提供坚实的理论基础和指导原则，帮助审计人员更有效地应对信息化环境下的新挑战，从而提高整体审计工作的质量和效果。

（三）加强审计硬件和软件建设

在进一步加强农村审计信息化建设的过程中，加强审计硬件和软件建设是一个关键策略。这一策略的实施对于提升审计效率、确保审计质量，以及适应现代审计环境的要求至关重要。

1. 审计硬件的现代化和优化

审计硬件的现代化和优化是信息化审计的物质基础，这包括计算机设备、网络设施、数据存储和保护设备等。

（1）计算机设备的更新与优化。随着信息技术的快速发展，审计工作需要处理的数据量日益增加，复杂度也在不断提高。因此，更新和优化计算机设备，确保其具有足够的处理能力和高效的运行速度是必不可少的。这不仅包括个人计算机和服务器的硬件更新，还包括高性能计算设备的引入，以应对大数据处理的需求。

（2）网络设施的建设和升级。网络设施是信息化审计中信息传输和交换的关键。在农村地区，由于地理位置偏远，网络设施往往相对落后。因此，加强网络设施的建设和升级，提高网络的稳定性和传输速度，对于确保审计工作的顺利进行至关重要。

（3）数据存储和保护设备。随着审计数据量的增加，数据存储设备的容量和安全性成为重要考量。此外，考虑到审计数据的敏感性和重要性，加强数据保护设备的建设，如采用更先进的加密技术和备份系统，对于保护审计数据的安全至关重要。

2. 审计软件的开发和应用

审计软件应用是实现审计工作信息化的关键，包括审计管理软件、审计分析软件和定制化审计工具等。审计管理软件主要用于提高审计工作的组织性和系统性。这类软件可以协助审计人员规划审计项目、跟踪审计进度、管理审计文档，以及进行审计报告的编制。在信息化环境下，审计管理软件还可以实现审计工作的协同，提高团队工作的效率。审计分析软件是审计信息化的核心工具，主要用于数据分析和审计证据的获取。这类软件可以应用各种数据分析技术，如数据挖掘、统计分析和趋势分析等，帮助审计人员有效识别潜在的风险和问题。此外，随着人工

智能技术的发展，审计分析软件还可以整合机器学习算法，进一步提高分析的准确性和深度。此外，针对特定审计领域或特定审计对象的定制化审计工具也是信息化审计中不可或缺的一部分。这些工具可以根据特定的审计需求进行定制开发，如针对农村特定行业的审计软件，可以更有效地应对行业特点和审计挑战。

农村审计信息化的软件建设有两种主要途径：一是自行开发审计软件；二是购买市场上已有的产品。无论是哪种途径，都需要做好以下几方面工作。

（1）需求分析和规划。进行详细的需求分析是购买和开发审计软件的基础。这包括确定审计软件需要满足的具体功能、性能要求、用户界面友好性和技术兼容性等。需求分析还应考虑农村审计的特殊性，如网络环境、审计对象的特点和审计人员的技术能力。在此基础上，制定清晰的软件规划，包括预算分配、时间线和预期成果。

（2）软件采购或开发选择。根据需求分析的结果，决定是购买现成的软件还是进行定制开发。购买现成软件通常成本较低，实施更快，但可能无法完全满足特定需求。相比之下，定制开发虽成本和时间上可能较高，但能更精确地满足特定审计需求。在这一阶段，应考虑软件的可扩展性、安全性和易维护性。

（3）软件质量保证和测试。无论是购买还是开发，确保软件的质量都是至关重要的。这包括进行严格的测试，以确保软件的稳定性、准确性和效率。软件测试不仅应在开发初期进行，还应在整个开发过程中持续进行，包括功能测试、性能测试和安全测试等。

（4）培训和用户支持。对审计人员进行软件操作培训和提供必要的用户支持也是重要环节。这有助于确保软件得到有效使用，增强审计人员对新技术的接受度和使用效率。培训内容应包括软件的基本操作、高级功能使用和故障排查等。

（5）持续更新和维护。审计软件需要定期更新和维护，以适应审计

环境的变化和技术的更新。这包括定期的软件升级、安全补丁的应用和技术支持。对于定制开发的软件，还需确保有可靠的开发团队进行长期的维护和支持。

（四）规划信息技术的应用场景

规划信息技术应用场景，关键在于有效地整合和应用信息技术以提升农村审计的效率和质量。以下几点是规划信息技术应用场景时应考虑的重要策略。

（1）确定信息技术应用的优先领域。需要明确哪些审计领域可以通过引入信息技术获得最大的效益。这涉及对当前农村审计流程的深入分析，识别出时间消耗大、效率低下或容易出错的环节。例如，数据收集和处理、复杂计算、长期跟踪和历史比对等环节是信息技术应用的理想领域。优先考虑这些领域的信息技术应用，可以有效提高整体审计流程的效率和准确性。

（2）制定技术集成和应用计划。在确定了优先领域后，制定一个详细的技术集成和应用计划至关重要。这包括选择合适的技术工具、设计技术集成的时间表，以及规划必要的资源和培训。在制订计划时，还需考虑到技术应用的可持续性，确保所采用的技术不仅适应当前需求，而且能够适应未来的发展和变化。

（3）考虑技术应用的实际效果和反馈机制。任何技术应用都应有明确的目标和评估标准。因此，在规划信息技术的应用场景时，应明确其预期的实际效果，如时间节省、错误减少、数据可访问性提高等。此外，建立有效的反馈机制也极为重要。这不仅包括技术应用后的效果评估，还包括持续监控和调整策略以应对可能出现的问题或技术更新。

下面介绍几种典型技术在农村审计工作中的应用场景。

1. 大数据技术的应用场景

大数据技术可以通过分析大量的数据集来揭示隐藏的模式、关联和

趋势，对于提高农村审计的效率和质量具有显著作用。下面是大数据技术在农村审计中的几个具体应用场景。

（1）资金流动和使用的监控。大数据技术可以应用于监控和分析农村地区的资金流动和使用情况。通过收集和分析来自不同来源的财务数据，大数据技术能帮助审计人员迅速识别资金分配和使用中的异常模式。例如，在评估政府资助的农村发展项目时，大数据技术可以用于分析项目资金的流向、使用效率，以及与项目成果之间的相关性。这样的分析不仅有助于发现资金滥用或管理不善的情况，还可以提供对项目执行效率的深入见解。

（2）预测分析和风险评估。大数据技术在预测分析和风险评估方面同样具有重要应用。通过对历史数据的深入分析，审计人员可以识别潜在的风险和问题，预测未来可能出现的异常情况。例如，在农村信贷和小额贷款领域，大数据技术可以帮助分析贷款违约的风险因素，预测贷款违约率，从而为决策提供依据。同样，大数据技术也可以用于评估农村地区的经济发展趋势和潜在的财务风险。

（3）决策支持和政策制定。大数据技术还可以为农村地区的政策制定和决策提供支持。通过对农村地区的经济、社会、环境等多方面数据的综合分析，大数据技术能够提供有价值的见解，帮助政策制定者了解农村地区的实际需求和挑战，从而制定更为有效的政策和计划。例如，通过分析农业产出数据、市场需求和气候变化数据，可以帮助制定更为合理的农业支持政策和资源分配计划。

2. 区块链技术的应用场景

区块链技术作为一种创新的分布式账本技术，其特有的安全性、透明性和不可篡改性使其在农村审计领域具有广泛的应用潜力。下面是区块链技术在农村审计中几个具体的应用场景。

（1）提升财务透明度和防止欺诈。区块链技术通过其分布式账本的

特性，可以有效提高农村地区财务管理的透明度。所有交易记录在区块链上是公开和透明的，且一经记录即不可更改。这对于防止财务欺诈、滥用资金和腐败行为极为重要。例如，在农村公共资金的管理和分配中，利用区块链技术可以确保每一笔资金的流向都被记录和追踪，从而降低财务欺诈的可能性。

（2）优化供应链管理。农村经济活动，如农产品的生产和销售，常常涉及复杂的供应链。区块链技术可以应用于优化供应链管理，提高其效率和透明度。通过在区块链上记录每一环节的交易和流转信息，可以追踪农产品从生产到市场的全过程。这对于审计人员来说是一个宝贵的数据源，可以用来验证交易记录的真实性，评估生产效率，甚至监控产品质量。

（3）土地登记和管理。土地登记和管理是农村地区的一个重要问题，区块链技术在这方面同样具有潜在的应用价值。通过将土地所有权和交易记录在区块链上进行登记，可以提高土地管理的透明度和效率。这种方法不仅可以减少土地纠纷和非法占用，而且为审计提供了一个可靠的数据来源，有助于监督和评估土地使用和交易的合法性和合规性。

（4）电子投票和民意调查。在农村地区开展的电子投票和民意调查活动也可以利用区块链技术来提高其安全性和可信度。区块链上的数据不可更改和透明的特性确保了投票结果的真实性和不可篡改性。审计人员可以利用这些信息来评估投票或调查过程的公正性和合法性，确保民意被正确收集和反映。

（5）智能合约在农村项目管理中的应用。智能合约是基于区块链技术的一种自动执行合同的机制。在农村项目管理中，利用智能合约可以确保合同条款的自动执行，比如在达到特定条件时自动释放资金。这样的机制可以减少人为干预，提高项目资金使用的效率和透明度，同时为审计工作提供了可靠的数据支持。

3. 机器人流程自动化（RPA）技术的应用场景

RPA 技术，作为一种能够自动执行重复性任务的技术，在农村审计中的应用具有巨大潜力。RPA 能够模拟人类用户的操作，自动执行大量基于规则的、结构化的任务，从而提高审计效率和精确性。下面是 RPA 技术在农村审计中的几个具体应用场景。

（1）自动化数据收集和处理。在农村审计中，大量时间常常花费在收集和处理审计数据上。RPA 技术可以自动执行这些任务，如从不同的财务系统和数据库中提取数据，整理和格式化数据以便分析。例如，审计人员需要收集农村地区的各种财务报表、交易记录、项目支出等，RPA 技术可以自动化这一过程，从而节省大量时间，减少人为错误。

（2）执行审计过程中的重复性任务。RPA 技术同样可以用于自动执行审计过程中的其他重复性任务。例如，审计标准的应用、审计证据的检查和比对，以及审计报告的初步编制等。通过自动执行这些基于规则的任务，RPA 不仅可以提高工作效率，还可以保持任务执行的一致性和准确性。

（3）自动化的异常检测。RPA 技术结合数据分析工具可以用于自动化的异常检测。在审计农村地区的财务数据时，RPA 可以自动扫描大量数据，识别出不符合预定模式的异常情况，如不寻常的交易、预算超支等。这种自动化的异常检测可以大大提高审计的效率和有效性。

（4）自动化审计跟踪和报告。在审计过程中，跟踪审计进度和编制审计报告是必要的。RPA 技术可以自动化这一过程，例如，自动跟踪完成的审计任务、生成审计进度报告，以及初步编制审计结果报告。这样不仅可以减轻审计人员的工作负担，还可以保证审计过程的透明性和可追溯性。

（5）交互式审计助手。RPA 技术还可以用于创建交互式的审计助手。交互式审计助手可以自动回答审计相关的常见问题，如审计标准解释、

数据源位置等，从而提高审计人员的工作效率。同时，交互式审计助手还可以帮助新手审计人员更快地熟悉审计流程和要求。

（五）建立信息化安全保障体系

信息化安全保障体系旨在保护审计数据的完整性、保密性和可用性，从而确保信息化审计的有效性和可靠性。下面是建立信息化安全保障体系的三个重要措施。

1. 建立健全信息安全政策和标准

在加强农村审计信息化建设的过程中，建立健全信息安全政策和标准是至关重要的一环。一是要制定一套全面的信息安全政策，涵盖数据保护、访问控制、网络安全和数据备份等多个方面。这样的政策不仅能够确保审计信息系统的安全运行，还能防范潜在的网络攻击和数据泄露风险。二是要制定相应的安全标准。这些标准应当符合国家信息安全相关规定，同时也要贴合农村审计的实际需求。比如，在数据加密和认证机制上，应采用业界公认的高标准技术，确保信息传输和存储的安全。需要注意的是，这些政策和标准不应是一成不变的，随着技术发展和外部环境的变化，应定期进行审查和更新，以保持其有效性和适应性。通过建立和完善这样一套系统的信息安全政策和标准，可以为农村审计信息化建设提供坚实的安全保障，从而更好地服务于农村经济和社会的发展。

2. 强化技术层面的安全防护

强化技术层面的安全防护是确保农村审计信息化建设安全的关键步骤。在实施过程中，需要部署先进的防火墙和入侵检测系统，这些系统能有效监测和阻止未授权访问，保护审计数据不受网络攻击和恶意软件的威胁。重要的是实现数据加密技术的应用，特别是在数据传输和存储

过程中，加密技术能保障信息的机密性和完整性，防止数据被非法窃取或篡改。定期的系统漏洞扫描和安全更新也不可忽视。通过定期更新安全软件和修补系统漏洞，可以及时防范新出现的安全威胁。此外，还应建立严格的访问控制机制，确保只有授权人员才能访问敏感数据和关键系统。这包括实施多因素身份验证，以提高访问安全性。建立和维护一个全面的安全监控系统，实时监控网络和系统的安全状态，及时发现并应对安全事件，是提高技术层面防护能力的重要措施。通过这些技术手段的综合运用，可以有效地提升农村审计信息系统的安全性，保障审计活动的顺利进行和审计数据的安全。

3. 提升审计人员安全意识

提升审计人员的安全意识是确保农村审计信息化建设成功的重要因素，这不仅能够提高整体的网络安全水平，还能有效预防和减少由人为因素引起的安全问题。具体可用采取以下措施。

第一，应定期对审计人员进行信息安全教育和培训，让他们了解最新的网络安全威胁和防护措施，增强他们识别和应对各种网络安全威胁的能力。这包括对钓鱼邮件、恶意软件、网络诈骗等常见网络攻击手段的识别和预防。第二，建立一个安全的工作环境也至关重要。审计人员应被教育和引导在日常工作中遵守安全操作规程，如定期更换密码、不在非授权的设备上处理敏感数据、避免使用不安全的网络连接等。第三，应鼓励审计人员主动报告潜在的安全漏洞和异常活动。通过建立一个开放的报告机制，可以及时发现并处理安全隐患，防止可能的数据泄露或安全事件。同时，应定期评估审计人员的安全意识和操作习惯，及时发现并纠正不安全的行为。第四，通过制定并执行严格的安全政策和程序，可以进一步强化审计人员的安全意识，确保他们在处理敏感信息和使用审计系统时始终保持警觉。

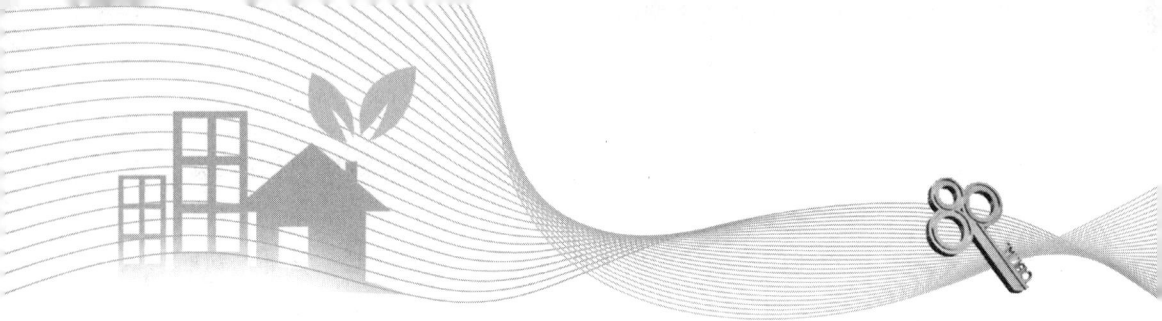

第七章　农村审计创新的保障
体系建设

本章将重点探讨农村审计创新的保障体系建设。包括农村审计法规体系的建设、农村审计问责制的健全和农村审计队伍的建设。

第一节　农村审计法规体系建设

一、法规体系的概念

所谓体系，是指若干有关事物互相联系互相制约而构成的一个整体。法规体系是由法律规则和其原则基础组成的特殊体系。这一体系内的法律规则不仅具有严格的逻辑结构，而且是按照一定的原则被合理化的。其核心目的在于实现预期的社会控制。在这一体系中，所有已制定的规则都应当与基础性原则和目标之间达到和谐平衡。缺乏这些原则，法规秩序便会显得混乱，基本特征难以识别。

在我国，对于法规体系的理解和适用存在较大差异。有的理解为某一领域内成系统的一类国家法规，有的将其视为独立的国家法规整体，有的认为是国家所有法的渊源分类体系，还有的认为是从制定到实施的

整个法制过程体系或法制系统工程。但较为普遍的理解是，法规体系指的是一国现行的全部法律规范，根据不同的法律部门分类组合，形成的一个成体系化、有机联系的统一整体。这种理解强调的是法律规范的系统性和整体性，体现了法律规则之间相互联系和相互制约的关系。

二、农村审计法规体系的范围与特征

（一）农村审计法规体系的范围

农村审计法规体系作为我国审计法规体系的一个重要分支，是指为了保障农村审计的合法性、规范性和有效性，协调农村审计活动中审计主体、审计客体及其他利益相关者关系的法律规范的总称。它是由不同的农村审计法律规范有机联系而构成的统一整体。

农村审计法规体系的范围包括：（1）与农村审计有关的宪法性规范，宪法作为国家的根本大法，其对农村审计的基本原则和方向具有指导意义，宪法性规范为农村审计提供了最根本的法律依据，确保审计工作符合国家的基本法治原则；（2）全国人民代表大会及其常务委员会制定的有关农村审计的法律，这些法律直接决定了农村审计的法律地位、职责范围、工作机制等，为农村审计的实施提供了最基本的规则和标准；（3）国务院制定的有关农村审计的行政法规和国务院有关部门制定的部门规章，这些规章制度不仅补充了法律层面的规定，也为农村审计的具体实践提供了可操作的指南；（4）各省、自治区、直辖市人民代表大会及其常务委员会制定的有关农村审计的地方性法规，以及地方人民政府制定的地方政府规章，这些地方性法规和规章考虑了地方的特殊性，使得农村审计能够更好地适应各地的实际情况；（5）县（市）政府及审计机关、乡镇（街道）政府及农村审计机构制定的农村审计工作指导意见及操作规范，这些工作指导意见和操作规范直接面向审计的一线实践，确保了

农村审计工作的细致和有效性。

（二）农村审计法规体系的特征

农村审计法规体系的特征如图 7-1 所示。

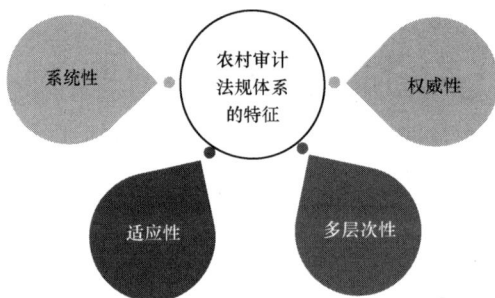

图 7-1　农村审计法规体系的特征

1. 系统性

农村审计法规体系的系统性体现在其全面覆盖农村审计工作的各个方面，包括审计原则、程序、方法、职责、权限和责任等。这个系统不仅包含了针对农村特定需求制定的法律规范，还涉及与农村经济、社会、文化等相关的多方面法律法规。在这个体系中，不同法律规范之间相互关联，形成一个有机统一的整体，确保了审计工作的合法性和规范性。例如，宪法和国家级法律为农村审计工作提供了基本原则和框架，行政法规和部门规章则具体明确了审计的操作程序和实施标准。此外，这一体系还包含了对农村审计人员的资格、培训、职业道德等方面的规定，以及审计结果的应用和处理方式。系统性的法规体系确保了农村审计工作的完整性和连贯性，使得审计活动能够在一个明确、统一的法律框架下有效进行。

2. 适应性

农村审计法规体系的适应性主要体现在对农村经济社会发展的不断

响应和适应。随着农村经济的发展和科技的进步，农村审计面临的环境和挑战也在不断变化。因此，法规体系需要具备足够的灵活性和适应性，以应对这些变化。例如，随着信息技术在农村的广泛应用，农村审计法规体系需要纳入信息安全、数据保护等新兴领域的法律规定。同时，考虑到农村地区的多样性，法规体系还应考虑到不同地区的特定需求和特点，允许一定程度的地方性调整和灵活应用。这种适应性不仅体现在法规内容的更新和调整上，也体现在审计方法和手段的创新上。例如，随着远程审计技术的发展，法规体系可能需要包含对远程审计操作的规范和指导。适应性强的农村审计法规体系能够更好地服务于农村的实际情况，有效促进农村经济的健康发展。

3. 多层次性

农村审计法规体系的多层次性体现在其包含国家、省级、地方，以及基层各个层面的法律规范。这种分层的法规结构使得法规体系能够更加全面和细致地涵盖农村审计的各个方面。在国家层面，法规体系包括国家审计法律、行政法规等，这些规定设定了农村审计的基本框架和原则，是整个体系的基础。省级和地方层面的法规则根据各地的具体情况和需求进行调整和补充。这些地方性法规能够考虑到各地农村的特殊性，如经济发展水平、文化背景、地理环境等，从而使得审计工作更加贴近实际、更有效率。

此外，多层次的法规体系还包括了针对特定审计领域的规章和指南，如农村财政审计、项目审计等，这些专项规定能够针对性地解决特定审计领域的问题。在基层层面，例如，县级、乡镇级的法规和操作指南，更是直接针对农村审计的一线实践，确保审计工作的具体实施既符合上级法律法规的要求，又适应当地的实际情况。

多层次的法规体系不仅使得农村审计工作在不同层面上有序展开，还确保了各级审计机关在执行审计任务时有明确的法律依据和操作指

南。这种结构既保障了法律规范的统一性和连贯性，又体现了对地方特色和实际需求的尊重。

4. 权威性

农村审计法规体系的权威性是其基本特征之一，确保了审计工作的法律效力和社会认可。权威性体现在法规体系的法律来源上。作为国家法律的一部分，农村审计法规体系依托于国家的法律权威，其内容和规定具有强制性和普遍适用性。这意味着所有的审计机关和审计对象都必须遵守这些规定，确保审计活动在法律框架内进行。此外，权威性还体现在法规制定和实施的过程中。农村审计法规的制定通常涉及多个层级的立法机关和行政部门，这些机构的参与和协调赋予了法规以政治和法律的权威。在实施过程中，审计机关按照法规的指导进行审计工作，其审计结果和处理决定具有法律效力，这进一步加强了法规体系的权威性。

三、农村审计法规体系建设的意义

保障农村审计工作的顺利开展，实现广大农民利益最大化，是农村审计法规体系建设的根本目标。农村审计法规体系建设的重要意义主要体现在以下几个方面。

（一）为农村审计工作的开展提供法律依据

农村审计，作为一种专门针对农村基层政府和集体经济组织财务活动的监督行为，由专业的审计机构和人员执行，涉及复杂的财务管理和公共利益。这些审计机构作为非营利性组织，其主要目的不在于盈利，而是确保财务活动的透明性和合规性。鉴于其特殊性，农村审计工作在实际操作中可能会面临来自被审计单位和个人的非正当干扰，如政治压

力、经济利益冲突，甚至可能遭遇经费短缺等实际困难。

在这种背景下，建立健全的农村审计法规体系至关重要。法规体系为农村审计机构提供明确的法律地位和权威，确保其在执行审计任务时具有足够的权力和保护。法律的支撑不仅赋予审计机构必要的审计监督权利，还明确规定了被审计对象的责任和义务，保证了审计过程的公正性和合法性。此外，法规体系还对审计机构的组织结构、经费来源和使用、工作流程等方面进行规范，确保审计机构能够有效地开展工作，避免受到外部不正当因素的干扰。

（二）为农村审计工作的开展提供业务指导和规范

一个完善的法规体系能够为审计人员提供清晰的工作指南和标准，确保审计工作的规范性和有效性。这是因为农村经济和财务管理具有其特殊性，例如，涉及广泛的农业活动、乡村治理，以及地方财政管理等方面，这些领域往往缺乏统一和明确的审计标准。通过建立和完善农村审计法规，可以为处理这些复杂问题提供明确的指导和规范。

（三）为审计结果的运用和落实提供法律保障

农村审计的核心目的在于发现和纠正违规行为，确保农村资源和资金的合理、高效使用。如果审计结果未能得到有效的运用和落实，那么审计工作本身就会变得没有实际意义，反而成为一种资源的浪费，并可能助长违法违规行为。因此，建立和完善农村审计法规体系显得尤为重要。通过制定明确的法律法规，如审计结果公告制度、审计结果的定期沟通移送制度、审计结果复核与追踪审查制度、审计问题处理处罚公示制度，以及审计结果归档制度等，可以将审计问责机制制度化和规范化。这些制度的建立不仅提高了审计工作的透明度和公信力，还有助于确保审计发现的问题得到及时和有效的处理。

（四）为政府部门和社会公众对农村审计工作进行考核和评价提供依据

农村审计工作也应该接受其主管部门和社会公众的考核和监督，其考核和监督的依据就是农村审计工作开展的法规体系。考察农村审计机构是否根据相关法规履行了审计监督的职责，是否依据相关法规制订审计计划和执行审计程序，在审计过程中是否保持了独立性和应有的职业谨慎，是否根据相关法规得出审计结论、出具审计报告、作出审计处理和处罚决定、报告审计结果。

四、农村审计法规体系建设的路径

（一）明确农村审计法律地位，消除纵向法律冲突

目前，农村审计在法律地位上存在不明确性，这主要是因为国家层面缺乏专门针对农村审计的法律法规，而地方性规范性文件又不能作为法律依据。这种情况导致了农村审计工作在实施过程中遇到了极大的困难，比如多头领导、监督空白等问题。

为了解决这些问题，需要加快农村审计法律法规的制度建设，明确农村审计在法律上的地位。将农村审计作为国家审计的一个分支，在《审计法》中单独明确其法律地位是一种可行的方案。这样做不仅可以确保农村审计的独立性、权威性和专业性，还能够有效降低实施成本。实际上，国家政权的保障是农村审计独立性和权威性的关键。通过由国务院制定全国性的农村审计条例，以及配套的审计取证报告、档案管理等办法，可以确定农村审计的全方位、强制、依法审计的合法地位。这样的法规体系不仅能赋予各级农经管理部门必要的审计权力，还能确保农村审计工作的规范性和有效性。此外，各级政府和相关主管部门应根据当地实际情况，制定适合本地的农村合作经济组织审计制度。这样做能最

大限度地赋予农村合作经济组织审计部门必要的职权,保证农村审计工作有法可依、有章可循,从而有效消除农村审计法规的纵向冲突。

(二)完善农村审计地方法规,解决横向法律冲突

地方法规是指导农村具体审计工作的直接依据,它们需要与国家级法规保持一致性,同时考虑到地方的特殊性。这样的策略旨在建立一个既能服务于地方需求又能保持全国法规统一性的审计法规体系。

省级政府在制定农村审计条例或办法时,应严格参照《审计法》的规定。这些条例或办法需要涵盖农村审计机构的设置、隶属关系、经费来源、审计人员的资格和义务、审计对象与审计职权、审计程序,以及被审计单位和审计人员的法律责任等方面。通过这种方式,可以确保省级法规与国家法律之间的一致性,同时也为下级政府提供了操作指南。县(市)级政府或审计部门在制定农村审计办法时,应基于省级法规的规定,并结合本地实际情况。这可以确保农村审计办法既符合上级法规的要求,又能针对地方特色和需要作出适应性调整。乡镇(街道)级审计机构应该制定全面的审计项目操作和审计工作管理方面的规范。这些规范应包括具体的审计操作指南(如财务收支审计、村干部经济责任审计等),以及审计工作的制度化建设、审计人员配备、审计技术和方法的运用、审计纪律和审计结果报告等管理方面的内容。

通过这种逐层建立起来的农村审计地方法规体系,可以确保地方审计工作与国家法规的一致性,同时也能够有效地避免各地法规之间的冲突。这样的法规体系不仅能更好地服务于地方特色和需求,还能增强各地审计工作的可比性和参照性,从而有效地解决横向法律冲突,保证农村审计工作的效率和规范性。

(三)协调审计与相关领域法规,减少法律冲突

由于农村审计与其他法律领域(如司法审判、行政法规)的交叉和

重叠，常常出现法律冲突和职能划分不清的问题。这些冲突不仅影响审计工作的效果，也给司法机关、审计部门和当事人带来困扰。因此，建立有效的协调机制对于解决这些问题至关重要。

一种有效的解决策略是由全国人大在充分征求审计、司法部门及其他利益相关者意见的基础上，出台一部专门解决法域冲突的法规。这样的法规能够在不同法律领域间建立起桥梁，协调各方的利益和要求，从而有效解决冲突。此外，建立一个专门的机关来裁决法律冲突也是一个可行的方案。这样的专门机关应具备地位超脱、权限广泛、程序灵活和方式多样等特点，其裁决具有终极性效力。这种机构可以有效地解决审计结果与司法审判间的冲突，保证审计决策的权威性和公正性。对于农村审计与其他行政法规之间的冲突，需要审计部门与相关行政部门进行充分的沟通和协调。建立联席会议等机制，通过定期汇报、检查、协商和评定工作，可以及时调解矛盾和解决冲突。这种跨部门的沟通机制有助于明确职能划分，简化审计案件的移交处理和处罚环节，确保审计结果得到有效运用和执行。

（四）做好新旧法规的勾稽工作，排除时际冲突

法律和法规的制定、修改或废止是一个动态过程，受到政治、经济、社会等多方面因素的影响。因此，法律法规在不同历史阶段具有不同的适用性和有效性。随着社会的发展和变化，新的法规会被制定来替代或补充旧的法规，这就需要在实际应用中仔细核实法规的时间效力，以确保审计工作的合法性和准确性。

为了解决新旧农村审计法规之间的时际冲突，应建立一套法律适用的规则。这套规则应明确在冲突发生时，优先适用或排除适用某种法律规范。通常，新法律法规优先于旧法律法规，即遵循"新法优于旧法"的原则。在实践中，审计人员在处理审计案件时，必须核实所引用法规的时间效力。如果遇到旧有法规与新颁布法规的冲突，应根据"新法优

于旧法"的原则进行操作。此外，在某些情况下，也可以制定特定的适用规则，如实体法从旧、程序法从新等，以确保法规的有效运用。

第二节　农村审计问责制的健全

一、相关概念界定

（一）责任

责任通常被视为个体或集体在其行为和决策过程中应遵循的一种规范标准。这不仅仅是履行特定职责的必要条件，更是在个人和社会关系中维护秩序与公正的基石。从道德哲学的角度来看，责任强调个体应对自己的行为和决策结果负责，这包括了对自己的行为进行自省和评估，以及在必要时承担相应的后果。在社会与法律领域，责任的概念进一步扩展，不仅仅局限于个人层面的行为和后果，还涉及对社会整体的影响。例如，企业的社会责任强调企业在追求经济利益的同时，应对社会和环境产生的影响负责。在法律层面，责任则更多地体现为遵守法律规定和承担违法行为的后果。

（二）问责

问责的概念可以从其三个核心要素来理解：问责的主体、问责的客体、问责的责任内容。

1. 问责的主体

问责的主体指的是进行问责的主体，即"由谁问"。这包括两种类型

235

的主体：同体问责主体和异体问责主体。同体问责主体通常是行政机关的上级领导，而异体问责主体则包括人民代表大会、各党派、司法机关、新闻媒体，以及公众等。问责主体的多元化是问责机制的重要特征，能够确保从不同角度和层面对公共权力进行监督和评价。

2. 问责的客体

问责的客体指的是问责的对象，即被问责的个体或集体。在农村审计问责制的背景下，客体特指乡镇和村一级的政府及其公务人员。明确问责对象是实施有效问责的前提，确保问责行为的针对性和有效性。

3. 问责的责任内容

责任内容是指问责主体对问责对象所进行的具体责任追究。责任内容可以分为四个层面：法律责任、政治责任、道德责任和行政责任。这些责任内容反映了问责的多维度和复杂性，涉及从遵守法律、履行政府职责，到满足公众需求和道德标准等不同方面。法律责任涉及遵守法律规定和承担违法后果，行政责任涉及对上级政府的责任，政治责任则关注政府对社会的回应和民众需求的满足，道德责任则强调官员行为应符合社会道德标准。

（三）问责制

问责制的概念可以从广义和狭义两个层面来理解。在广义上，问责制是一个全面的制度，它涉及对违反规定或不当行为的个人或组织进行责任追究。这种责任追究不仅局限于法律责任，还包括道德责任、政治责任和经济责任等多种责任形式。从狭义的角度，特别是在现代政治领域中，问责制指的是要求任何组织或个人，若其行为违法侵害了无辜公民的利益或社会公益，必须为自己的行为承担后果的制度。这种责任追究通常具有明确的法定程序，确保公正性和透明度。

在不同研究领域，问责制有多个分支，例如，行政问责制、政府问责制、首长问责制和官员问责制等。在农村审计领域，问责制被视为政府问责制的一种应用。在这个背景下，问责制的客体主要是乡镇和村级政府及其公务人员的行政行为。这种问责制在功能和作用上表现为一种监督和控制机制，具有一定的强制性。通过这种制度，可以确保乡镇和村级政府在执行职责时的合法性、正当性，同时对可能的违规或不当行为进行有效的监督和追责。

二、问责制的理论基础

（一）社会契约理论

社会契约理论是西方政治哲学的一项重要理论。这一理论源于对人类社会初期状态的思考，认为个体在自然状态下的生活是充满不确定性和危险的。为了从这种状态中脱离出来，人们相互间达成了一种隐性的"契约"，通过放弃某些自由和权利，赋予一个集体权力机构来维护秩序和安全。

该理论强调，政府的存在和权力是建立在人民的同意和支持上的。政府的合法性和权威源于它对社会契约的遵守，即保护人民的安全和福祉。如果政府违反了这一契约，例如，侵犯人民的权利或未能履行保护职责，那么人民有权要求政府对其行为负责，甚至有权更换政府。

在社会契约理论的视角中，政府不是一个超越社会和个体的存在，而是服务于社会和个体的工具。政府的每一个决策和行为都应当以提升公共福祉为目标，同时须接受公众的评价和监督。这种思想体现了现代民主制度的核心原则，即政府的权力来自于人民，政府必须对人民负责。

因此，问责制在社会契约理论的框架内是至关重要的。它不仅是一种政治机制，更是一种确保政府遵守社会契约、维护其合法性和有效性

的手段。问责制通过允许和要求政府对其行为向公众说明和辩护，确保政府的权力行使符合人民的意志和利益，从而维护社会的稳定和谐。

（二）人民主权理论

人民主权理论是现代民主政治的基石之一，它强调政治权力的最终来源是人民。这一理论的核心在于，所有的政治权力和政府的合法性都源自于人民的意愿和选择。在人民主权理论的视野中，政府不是一个独立于人民之外的实体，而是人民赋予权力的受托者，其存在的目的是服务于人民的利益和福祉。

人民主权理论突出了民众在政治决策过程中的中心地位。根据这一理论，政府的各种政策和法律都应当反映人民的意志。政治决策不应仅仅是少数精英或特定集团的利益表达，而应是广泛民意的汇总和反映。这一点在民主选举和公民参与的各种形式中得到体现，如选举、公民投票和其他各种形式的民众参与。

在人民主权理论中，公民不仅拥有选择其领导者的权利，还拥有持续监督和评估政府行为的权利。政府的每一个决策和行动都应当接受公民的审查和评价。如果政府的行为未能反映民众的意愿，或未能有效服务于公共利益，公民有权要求政府对其行为负责，并在必要时通过选举或其他民主手段改变领导层。

人民主权理论对问责制的影响深远。在这一理论框架下，问责制被视为确保政府反映和服务于人民意志的关键机制。政府和公务人员作为人民的代表和服务者，必须对其行为和决策向人民负责。问责制的实施确保了政府行为的透明度和公正性，促进了政府的有效运行，并加强了公众对政府的信任。

（三）权责一致、权责对等理论

权责一致、权责对等理论是一种重要的政治和行政管理理论，它强

调权力与责任之间的平衡和对等关系。这一理论的核心在于，任何拥有权力的个体或机构都应该承担与其权力相等的责任，确保权力的正确使用和有效监督。

在权责一致、权责对等理论中，权力被视为一种既有潜力也有风险的工具。权力如果得到正确运用，可以有效推动社会和组织的发展，实现公共利益。然而，权力的滥用则可能导致腐败、不公正和效率低下。因此，这一理论强调，随着权力的增加，相应的责任和问责机制也应相应增强，以确保权力不被滥用。

权责一致性要求权力的行使必须与责任相匹配。这意味着，拥有决策权的个体或机构在行使权力时，应充分考虑其行为的后果，并对可能的影响负责。如果权力的使用导致了不良后果或未能实现既定目标，责任主体应当承担相应的责任，无论是政治责任、法律责任还是道德责任。权责对等则进一步强调，责任的大小应与所授予的权力相等。这不仅包括对行为结果的责任，也包括对权力行使过程的负责。例如，一个决策者不仅要对其决策的结果负责，还要对决策过程的透明度、合法性和公正性负责。

该理论对问责制的建立和完善具有重要意义。在问责制的框架下，权责一致、权责对等理论确保了权力行使的透明度和合理性，防止了权力的任意使用和滥用。通过建立有效的监督和评估机制，这一理论促进了政府和组织内部决策的质量和公正性，增强了公众对政府和权力机构的信任。

三、健全农村审计问责制的意义

健全农村审计问责制对于提高农村治理效率、促进公共资源合理分配和维护社会公正具有重要意义。

（一）提高治理效率和透明度

健全的农村审计问责制能够显著提高农村治理的效率和透明度。通过有效的审计机制，可以及时发现和纠正乡镇及村级政府在公共资源管理、财政支出和项目实施等方面的不规范行为。这不仅有助于避免资源浪费和贪污腐败，还能增强政府决策的透明度，确保每一项政策和项目都能公开、公平地执行。透明的治理和财务报告机制还能提高公众对政府的信任，增强政府的公信力。

（二）促进公共资源的合理分配

在农村地区，公共资源的合理分配对于推动地区发展、改善民生具有至关重要的作用。健全的审计问责制可以确保公共资金和资源得到高效、合理的使用，防止资源被滥用或侵占。这对于减少贫困、促进基础设施建设、提高教育和卫生水平等方面都至关重要。良好的资源分配机制还能促进农村地区的经济发展，提高农民的生活水平，从而帮助缩小城乡差距。

（三）维护社会公正和法治精神

强化农村审计问责制是维护社会公正和法治精神的重要手段。通过对乡镇及村级政府官员的行为进行有效监督，可以确保所有政府行为都在法律框架内进行，维护法律的尊严和权威。此外，当公务人员知晓其行为会受到严格审计和可能的问责时，他们更可能遵守法律和道德标准，从而减少腐败和不正当行为。这种问责机制不仅有助于构建公平正义的社会环境，还能够促进公民的法律意识和社会责任感。

四、加强农村审计问责制建设的具体策略

农村审计问责机制涵盖了问责制的三个关键方面：首先是"问"的

部分，这涉及谁负责问责，目标对象是谁，以及问责的方式和程序。这包括了确定问责的主体、对象、范围，以及执行程序等重要方面；其次是"责"部分，即具体的责任内容，包括在何种情况下应承担责任，以及责任的大小和认定依据；最后是实施"制"的部分，指的是通过建立法律和制度框架来加强责任追究的制度化和法治化。为了加强农村审计问责制的建设，需要从这些关键方面着手，确保问责机制的有效运行。具体策略如图 7-2 所示。

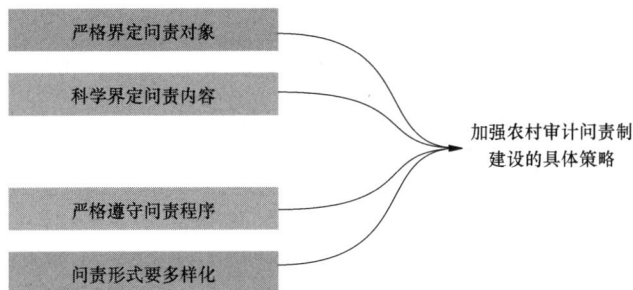

图 7-2　加强农村审计问责制建设的具体策略

（一）严格界定问责对象

农村审计问责的对象包括村镇管干部、各部门、站（所）负责人等。在选择问责对象时，可以从以下几方面入手。

1. 选择任职时间较长的干部

在问责对象的选择中，优先考虑任职时间较长的村镇管干部、各部门、站所负责人至关重要。长期任职的干部通常具有更多的决策权和影响力，他们的行为和决策对于基层的影响尤为显著。随着任职时间的延长，这些干部在资源配置、项目实施和日常管理等方面积累了大量的决策和执行记录。审计问责的过程中，可以对这些记录进行深入分析，评估其在经济责任和行政管理方面的表现。长期任职的干部也应向组织和

群众交代其任职期间的工作情况，接受群众的监督，确保公开透明。这不仅有助于发现和纠正问题，还能够提高基层治理的有效性和群众的满意度。

2. 重点关注重点工程和项目的负责人

重点工程和项目往往涉及较大的资金流动和重要的决策，因此，对这些项目的负责人实行严格的审计问责显得尤为重要。这些项目的资金使用和管理情况直接关系到集体资产的安全和效益，审计问责能够确保资金的合理使用和防止滥用。通过审计这些重点项目，可以有效监控资金流向，防止贪污腐败现象的发生。同时，对重点项目负责人的问责也有助于提高项目管理的质量和效率，确保项目按照既定目标和标准顺利实施。在这一过程中，审计问责成为保障集体资金安全和促进项目成功的关键环节。

3. 关注群众反映强烈的干部

群众的反馈和意见是衡量干部工作表现的重要标准。对那些群众反应较大的干部进行审计问责，能够有效发现和解决问题，稳定群众情绪。群众对干部的反映往往能直观地揭示出干部工作中的问题和不足，如服务态度、工作效率和公正性等。对这些干部进行深入的审计和问责不仅有助于及时发现并纠正问题，还能够提升群众对干部工作的满意度，增强干部与群众之间的互信。此外，这种以群众反馈为导向的问责机制还能够促进干部的自我反省和提升，有助于构建一个更加健康和积极的工作环境。

（二）科学界定问责内容

在广泛听取党代表、人大代表、政协委员、群众代表等意见的基础上，将审计结果在一定范围内公开，接受质询和评议，并视问题大小追

究相关人员的责任。问责的内容应该包括以下方面。

1. 财务管理和决策情况

问责内容应包括对农村地区财务预算执行、财务决算情况的全面审计。这包括审查各项资金（基金）的投入、管理和使用情况，以及集体资产的管理、使用及其保值增值情况。此外，重大投资决策和效益情况也是重要的审计内容。这些方面的审计有助于确保资金的合理使用，防止浪费和挪用，并确保投资决策符合经济效益原则和社会发展需求。通过审计这些关键领域，可以发现和解决财务管理中的问题，提高财务透明度和责任感，促进农村地区经济的健康发展。

2. 法规遵守和制度执行情况

问责的另一重要内容是评估村镇干部和相关人员在执行国家财经法规、廉政规定，以及各项财务制度和经济合同方面的情况。这包括审查他们是否遵守了国家的财政和经济法规、是否在经济活动中遵循了廉洁自律的原则，以及是否正确执行了各项财务和经济合同制度。这样的审计有助于维护法律和制度的权威，确保农村地区的经济活动在合法、合规的框架内进行，从而维护经济秩序和法治环境。

3. 经济工作目标和任务完成情况

另一项重要的问责内容是对农村地区在任期内与财务收支相关的主要经济工作目标和任务的完成情况进行审计。这包括评估村镇干部和相关部门在实现预定的经济发展目标、完成具体的经济任务方面的表现。通过对这些目标和任务的实际完成情况进行详细审查，可以评估农村地区的经济发展状况，以及政府和相关部门在推动经济发展、提高居民生活水平方面的效率和效果。这种审计有助于确定是否存在执行不力、资源配置不当或目标设定不合理等问题。同时，通过对完成情况的审计，

可以确保政府和相关部门对其承诺的任务负责，增强其对经济发展的责任感。对于未能达到既定目标的情况，审计问责可以揭示出背后的原因，促使有关部门采取改进措施，提高未来的工作效率和成效。这样的问责机制不仅有助于推动农村地区经济的持续健康发展，也为群众提供了评估政府和干部工作表现的重要参考。

（三）严格遵守问责程序

要加强农村审计问责制建设，严格遵守问责程序是关键。科学合理的问责程序不仅关系到问责的成效，还影响到追责效果和问责监控。具体来说，问责程序可分为四个主要环节：问责的启动程序、问责事项的调查程序、问责对象的处理程序、问责的回应程序。为使问责程序有效运转起来，实现问责的公正性，必须既要保证上述四个环节相互连接、环环紧扣，形成清晰无缝的连接链，又必须保证各个环节自身科学合理与完善和有效。

1. 问责的启动程序

问责的启动程序主要是指在发现可能的违规或不当行为时，如何正式开始问责流程的过程。这一过程通常是由审计发现问题或者接到相关投诉后触发的。启动程序需要有明确的标准和规则，以决定何时，以及如何开始问责流程。这个阶段需要对疑似违规行为的严重性、性质和影响范围进行初步评估。这一评估的准确性对整个问责流程至关重要，因为它决定了是否需要进一步调查以及调查的方向和深度。

2. 问责事项的调查程序

问责事项的调查程序是指在确定需要进行问责后，如何开展详细调查的过程。这个环节要求调查人员收集相关证据、分析相关数据、进行访谈，以及进行现场检查等活动。调查的目的是确定是否真的存在违规

行为，以及这些行为的具体情况。这一过程需要严格按照法律法规和程序进行，以确保调查的公正性和有效性。调查结果需要详尽记录，并作为后续处理程序的依据。

3. 问责对象的处理程序

问责对象的处理程序是指在调查确认存在违规行为后，如何对相关责任人或机构进行处理的过程。这个环节需要依据调查结果，按照既定的法律法规和政策对责任人进行相应的处罚或纠正措施。处理程序应当公开透明，确保公正执行。这不仅包括对违规行为的直接责任人的处罚，还包括必要的制度和流程改进，以防止类似问题再次发生。

4. 问责的回应程序

问责的回应程序是指在完成问责处理后，如何向相关方和公众进行反馈和回应的过程。这一环节的目的是提高问责制度的透明度，增强公众对审计问责工作的理解和信任。回应程序包括对问责结果的公布，以及对公众关注点的解释和回答。此外，也包括对整个问责过程的总结和反思，以及根据实际情况提出的改进建议和措施。有效的回应程序能够促进问责机制的完善和公众参与，进而提高整个审计问责体系的效能和公信力。

（四）问责形式要多样化

问责的形式要多样化，要在自我问责的基础上，结合组织问责和群众问责。

1. 自我问责

自我问责是指被审计对象主动识别和报告自身的问题。这一方式的核心在于提升个人的责任感和诚信。在实施自我问责时，关键在于建立

一套完整的规范和指导原则，引导干部正确理解和执行自我问责的要求。此外，加强对干部的培训和教育，特别是关于法律法规和道德规范的教育，是非常必要的。这样，干部不仅明白什么行为是不当的，而且能够在发现问题时主动改正和报告。同时，应该鼓励一种开放透明的组织文化，使得干部们在面对问题时能够坦诚相对，而不是回避和掩盖问题。自我问责还能促进自我监督和自我提升，有助于构建一个更加健康和积极的工作环境。

2. 组织问责

组织问责指的是由审计问责工作领导小组根据审计报告对被审计对象提出问责。这种方式的优势在于它依托组织的力量，能够更加客观、全面地评估被审计对象的行为和业绩。为了提升组织问责的效果，需要确保审计工作的独立性和公正性，防止任何形式的干预和偏见。此外，审计结果的透明公开对于提高问责的有效性至关重要，它不仅可以增加公众对审计工作的信任，还能提高被审计对象对结果的接受度。组织问责还需要不断优化审计方法和技术，提高审计工作的精确度和效率。这种方式不仅有助于及时发现和纠正问题，还能对其他干部产生示范效应，起到警示和教育的作用。

3. 群众问责

群众问责是一个非常重要的问责形式，它允许普通民众参与到审计问责过程中来。这种方式的独特之处在于它直接吸纳了民众的声音和观点，能够极大地提高审计问责的全面性和真实性。要有效实施群众问责，关键在于提升民众的参与意识和能力。这需要通过各种渠道，如社会媒体、村委会会议等，积极收集民众的意见和建议。同时，对民众提出的问题应该给予充分的重视和及时的回应，确保民众的声音能被听到并得

到妥善处理。此外，建立一种长效的机制，如定期举办群众大会，让民众直接面对干部，表达他们的关切和问题，对于增强民众的信任感和提升问责的透明度都非常有益。群众问责不仅能发现那些可能被组织问责忽略的问题，还能帮助误解或未被正确理解的干部重新获得民众的信任和支持。

通过这三种多样化的问责形式，可以更全面、有效地加强农村审计问责制的建设，既能及时发现和防止腐败行为，又能提高干部和民众之间的相互理解和信任。

第三节　农村审计队伍建设

在当今时代，随着农业经济和乡村振兴战略的不断发展，农村审计工作日益显得重要。农村审计队伍建设成为确保农村经济健康发展的关键一环，不仅需要审计人员具备扎实的专业技能，还需对农村特有的经济环境有深入理解。本节将重点讨论如何构建一个高效、专业的农村审计队伍，包括培养审计人员的专业技能、优化审计资源配置、加强制度建设等多方面内容。通过这些措施，旨在提升审计队伍的整体水平，更好地服务于农村经济的全面发展，为实现乡村治理能力现代化提供坚实的审计保障。

一、以政治建设统领审计文化建设，塑造农村审计队伍形象

审计机关文化建设的目的在于教育、培养和熏陶审计干部，引导审计干部树立正确的审计价值理念，弘扬优秀的审计精神，促使审计干部的潜能得以充分发挥，促进审计干部队伍的素质得以全面发展。审计机

关首先是政治机关，是党的工作部门，根本特征是在中国共产党领导下，依法独立行使审计监督权。因此，审计机关在审计文化建设中必须坚持政治建设为统领。

（一）政治教育引领，提高政治素养

农村审计队伍建设应深入开展"不忘初心、牢记使命"等主题教育。这种教育方式可以有效提高审计干部的政治素养，帮助他们树立正确的审计价值理念和政治定力。通过这种政治教育，审计干部可以更好地理解和践行党的理论、路线方针政策，确保他们在思想上、政治上同党中央保持高度一致，从而增强队伍的整体政治品质。

（二）构建社会核心价值观，培育职业精神

农村审计队伍建设需要淡化"官本位"意识，强化以构建审计社会核心价值观为目标。通过改革激励机制和职务职级制度，引导审计干部树立以客观公正、清正廉洁、专业胜任、职业谨慎为核心的职业精神。这样，审计人员可以将"责任、忠诚、清廉、依法、独立、奉献"这些价值观内化为推动审计事业发展的动力，并在实际工作中体现出来，从而提升审计队伍的专业化水平。

（三）加强干部培养与先进典型宣传，塑造良好工作氛围

农村审计队伍建设应以中共中央新修订的《党政领导干部选拔任用条例》为指导，在干部选拔任用中把政治标准放在首位，坚持德才兼备原则，选拔使用信念坚定、业务精通、作风务实、清正廉洁的审计干部。通过选树先进典型并进行多渠道宣传，传递正能量，构建积极向上的工作氛围。这样不仅为审计事业的发展提供人才保障，还能有效提升审计队伍的整体形象和工作效能。

二、坚持制度创新，增强审计队伍整体活力

（一）建立以研判制度为基础的竞争机制

研判制度作为干部管理和晋级的基础，意味着审计机构需对干部进行全方位、多角度的评估。这包括政治思想、作风表现、廉洁自律、专业能力、履职成效等多个方面。通过这种动态跟踪和分析，不仅可以全面了解和分析干部队伍的实际情况，还可以对干部进行精准评估，为其晋级和职业发展提供明确的方向和目标。

实施研判制度时，需要明确责任主体、组织主体和参与主体，确保研判工作有序进行。这意味着需要构建起党委领导、人事部门实施、相关单位配合的工作格局，从而确保研判结果的客观性和有效性。研判指标的设置要紧密结合审计工作的特点和目的，涵盖政治素养、专业结构、学历结构、年龄梯次、廉政状况、任职经历、履职情况、审计技术创新水平、统筹谋划水平等多个方面，确保研判的全面性和针对性。将研判结果运用到干部选拔任用和岗位调整中，对于表现突出的干部给予优先提拔和重用，对于表现一般或不适宜担任现职的干部提出交流和调整建议。这种基于研判制度的竞争机制，不仅能促进审计干部的自我完善和专业成长，还能激发审计队伍的活力，增强其整体效能，为农村审计工作的发展注入新的动力。

（二）建立动态的、多层次的激励机制

建立动态的、多层次的激励机制可以有效地增强审计队伍的整体活力。这种激励机制的建立，主要依靠绩效考核体系的创新和完善，以及激励手段的多样化。

绩效考核体系的建立是激励机制发挥作用的基础。在绩效考核体系

中，对审计人员进行分类管理是关键，需要对行政岗位人员和审计业务岗位人员实行不同的考核标准。分类考核能够更精准地评估各岗位人员的工作绩效，从而为他们提供更合理的激励。同时，运用大数据手段建立的绩效考核系统平台能够实现考核的量化和智能化，提高考核的效率和准确性。

绩效考核的透明化和规范化也是提高激励效果的关键。通过明确绩效考核机构，统一规范考核程序，并实施考核结果的公开和申诉反馈机制，可以增强审计人员对考核公平性的信任，进而提升他们的工作积极性。为不同岗位的审计人员，如审计组组长、主审、复核及其他业务人员，制定不同的考核内容和重点，可以确保考核的针对性和有效性。

除了物质激励外，还应注重精神和荣誉激励的作用。例如，弱化编制的差异性，为事业编制人员创造平等的审计专业技术职称聘任机会，畅通不同岗位交流的渠道，能够充分调动审计人员的积极性、主动性和能动性。同时，发挥荣誉激励和精神激励的作用，如通过表彰优秀个人和团队，可以激发审计人员的工作热情和创新精神。

（三）完善农村审计人员的选用机制

第一，建立审计岗位的职业准入制度。审计人员的选拔应基于严格的教育背景、从业经验和职业资格等标准。通过这种方式，可以确保选入审计队伍的人员具备必要的专业知识和技能，从而提升整个审计队伍的专业水平。

第二，加强审计人员的岗前专业知识和技能培训。省市审计机关可以定期安排业务骨干到基层任职锻炼，以实践提升其专业能力。此外，建立上级审计机关逐级遴选优秀审计干部的机制，形成不同层级审计机关业务骨干定期交流制度，这不仅能够提高审计人员的工作经验和能力，还能增强各级审计机构之间的协作和学习。

第三，针对特殊领域如计算机、工程建设、资源环境等专业性较强的审计事项，探索建立审计外聘专家库及与企事业单位、科研院所定期双向交流制度是一种创新之举。这种做法不仅可以拓宽高水平专业人才进入审计干部队伍的渠道，还能促进审计机构与外部专业领域的知识和技术交流，从而提高审计工作的质量和效率。

（四）健全审计职业约束机制

完善审计项目质量评估体系至关重要。这意味着需要加强审计过程的节点控制，包括审计取证、业务复核、报告起草、意见征求、报告修改等环节之间的相互制约。通过这种方法，审计工作的每个环节都能得到有效监督和控制，确保审计结果的准确性和可靠性。

细化明确各个岗位的主体责任，落实岗位责任追究机制也是提高审计队伍活力的关键。这要求审计组的组长、主审、复核，以及其他成员必须清楚地认识到自己的责任，确保在各自的职责范围内高效、规范地执行审计工作。这样的做法能够提高审计工作的责任性和执行力。

规范审计人员的职业行为是维持审计工作秩序和效率的基础。上级审计机关应定期组织对下级审计机关审计准则执行情况、审计"四严禁"工作要求和审计"八不准"工作纪律的监督检查。这种监督检查不仅能保证审计工作的标准化和规范化，还能促进审计人员自我约束，提高其职业道德和纪律观念。

（五）推进审计职业化建设

将审计人员的工作与一般的行政事务管理相区别是推进审计职业化建设的重要一步。通过借鉴检察院职业化管理模式，单独设立审计职务序列，并细分出审计官类别，可以有效地淡化审计人员的行政色彩，强化其专业职能。这种分级管理不仅使审计工作更加专业化，而且有助于提高审计效率和质量。

此外，可以设立审计官、审计官助理和审计行政人员等职务。审计官作为审计项目组的领导者，需依法独立行使审计监督权，并承担一定数量的审计项目，保证其专业技能的持续提升和实践经验的积累。审计官的等级划分和晋升条件的明确化，有利于激发审计人员的职业发展动力，提高其工作积极性。审计官助理作为未达到审计官职业标准的审计人员，通过协助审计官的工作，可以逐步提升自己的专业水平，为未来转任审计官做好准备。这种机制不仅为审计人员提供了成长和晋升的空间，而且增强了整个审计队伍的活力和可持续发展能力。审计行政人员的管理则更偏向于综合类公务员的管理模式，负责审计机关的日常运作和后勤保障，确保审计工作的顺利进行。

通过这样的职业化建设，不仅提升了审计人员的专业能力和工作效率，还增强了整个审计队伍的活力，为农村审计工作的高效和规范化提供了坚实的人才和制度保障。

三、加强系统性培训，提高农村审计干部人员素质

（一）完善培训保障制度

加强对审计业务培训需求的调查分析并据此合理设置培训课程、制定培训规划，针对不同能力层次审计人员设计不同的培训方案，保障业务骨干的受训时间。建立培训的激励和约束机制，对培训结果进行系统性评估，将评估结果与个人绩效考评、选拔任用等相挂钩。

（二）加强审计及审计相关知识的分级培训

为了提升审计队伍的整体素质，审计机关应当采取全面的策略来加强审计及相关知识领域的培训。这包括实施一个综合考虑和实际应用相结合的培训方案，按照分类教学和需求驱动的原则，对不同背景和岗位

的审计人员进行针对性的培训安排。具体来说，新入职人员、从其他领域转入的干部，以及不同岗位的在职人员，应接受不同重点的培训内容。通过设立不同级别和类别的培训班，确保所有人员都能接受到全面的培训。鉴于审计工作的跨行业和多学科特性，审计干部的培训内容应涵盖审计理论、实务操作、经济管理、财政、金融、环境保护、建筑工程等多方面知识。此外，培养审计人员的审计思维和技术方法，以提升其审计能力和工作效率，也是培训的重要组成部分。

四、优化审计资源配置，促进农村审计队伍专业水平提升

审计资源，指的是审计组织和人员在执行审计工作时所依赖和运用的所有要素，这包括人员、法律、技术、财务和物理资源等多个方面。在当前时代背景下，审计需求不断增长，而与之相对的是审计人力资源的有限性。这种矛盾日益成为审计机构面临的一个显著问题。为了有效应对这一挑战，审计机关需要采取综合考虑和科学整合的方法来管理和利用审计资源，以此来提高资源的使用效果和效率。这种做法是提升审计队伍整体专业水平的关键途径之一。

（一）整合审计人力资源

在农村审计队伍建设策略中，整合审计人力资源是提升审计队伍专业水平的核心。审计人力资源是审计资源中最重要的要素，其整合主要是在审计项目计划的基础上进行的。这种整合要求审计机关在制定审计计划时，充分考虑审计项目对人力资源的需求，以及审计人员的能力和专长。通过科学的人力资源配置，可以形成上下左右联动、互相紧密配合的审计团队。这不仅能够显著提高审计工作的效率和质量，还为审计人员提供了专业能力提升的机会。在这个过程中，各审计人员可以相互学习、相互借鉴与共同提高，从而有效提升整个审计队伍的专业

水平。

（二）联合内部审计、社会审计力量

联合内部审计和社会审计力量也是优化审计资源配置、提升审计队伍整体专业水平的有效途径。在项目审计团队中，应积极吸收内部审计和社会审计人员，充分利用他们的技术资源优势。通过科学整合和优势互补，可以有效提升审计效能。这种联合不仅能够提高审计工作的质量和效率，还有助于拓展国家审计人员的审计思维。审计人员通过与内部审计和社会审计人员的合作，可以学习到更多的审计技术和方法，从而拓宽自己的知识视野和技能范围，进一步提高审计专业水平。

（三）加强与高校交流与合作

加强与高校的交流与合作是提升审计队伍专业水平的重要手段。高等教育机构是专业人才的主要来源，审计机关应基于国家审计事业发展需求，建立与高校的合作平台。通过吸收审计、会计、计算机工程、环保等专业的专家学者参与审计重点项目的攻关，可以构建好高校专业学科和审计发展的契合关系。这种合作不仅有利于审计机关解决实际工作中的技术和理论难题，还有助于推动复合型审计人才的培养。审计人员可以通过与高校专家的交流合作，学习最新的审计理论和技术，不断提升自己的专业水平。

（四）整合审计信息资源

整合审计信息资源是提高审计队伍专业水平的另一个重要方面。通过建立审计项目信息库等信息共享平台，可以提高审计信息资源的利用和共享水平。这为审计人员提供了丰富的学习和借鉴资源，有助于他们更好地理解和掌握审计工作的各个方面。

　　审计信息资源的整合和共享可以促进审计人员之间的知识交流，提高他们对审计工作的理解和处理能力。此外，通过共享信息资源，审计人员可以更快地获取相关领域的最新动态和发展趋势，从而更有效地适应审计工作的需求，提高审计工作的质量和效率。

参考文献

［1］ 许维勤. 乡村治理与乡村振兴［M］. 厦门：鹭江出版社，2020.

［2］ 李锦顺，张旭红. 乡村治理体系的健全与发展［M］. 北京：华龄出版社，2022.

［3］ 章浩，李国梁，刘莹. 新时期乡村治理的路径研究［M］. 北京：北京首都经济贸易大学出版社，2021.

［4］ 盛明科，蔡振华. 智治构建数字乡村治理新体系［M］. 湘潭：湘潭大学出版社，2022.

［5］ 郝兴娥. 乡村振兴战略引领下的乡村治理之路［M］. 北京：九州出版社，2021.

［6］ 冉勇. 基于乡村振兴战略背景下的乡村治理研究［M］. 长春：吉林人民出版社，2021.

［7］ 谭鑫. 乡村治理体系和治理能力现代化研究［M］. 昆明：云南科技出版社，2021.

［8］ 广东省财政厅. 农村审计［M］. 广州：华南理工大学出版社，2009.

［9］ 李凤才. 农村审计实务［M］. 北京：中国农业出版社，2001.

［10］ 于保和. 经济责任审计研究［M］. 沈阳：东北财经大学出版社，2003.

［11］ 郝素珍，姚驰. 经济责任审计探索［M］. 太原：山西人民出版社，2006.

［12］ 刘世林，方伟明. 经济责任审计理论与实务［M］. 北京：中国时代经济出版社，2006.

［13］　王悦. 经济责任审计探索与实践［M］. 沈阳：辽宁大学出版社，2008.

［14］　赵国新. 现代经济责任审计理论与实务［M］. 北京：中国时代经济出版社，2009.

［15］　梁建文. 农村集体经济审计［M］. 北京：中国农业出版社，2013.

［16］　张喜太，侯金平. 农村经济活动的审计与监督［M］. 北京：中国社会出版社，2010.

［17］　杜爽，陈轶丽. 农村集体经济财务管理问题研究［M］. 北京：中国经济出版社，2003.

［18］　王延军. 我国经济政策审计评价研究［M］. 北京：中国时代经济出版社，2017.

［19］　罗涛. 财税政策审计评估问题研究［M］. 北京：中国时代经济出版社，2013.

［20］　章金相. 农村集体经济组织审计工作创新思考［J］. 四川农业与农机，2023（5）：69-70.

［21］　马春紫. 土地制度改革视角下农村集体经济审计模式创新研究［J］. 山西农经，2021（20）：182-183，186.

［22］　黄越，李娇. 乡村振兴战略驱动农村审计的作用机理剖析［J］. 财会月刊，2020（23）：86-90.

［23］　苏霞. 乡村治理框架下农村审计创新研究［J］. 农业经济，2020（1）：66-67.

［24］　王江波. 我国农村集体经济审计模式的制度变迁与创新路径研究［J］. 绿色财会，2019（4）：18-21.

［25］　杨海东. 创新农村审计监督机制的路径探究［J］. 农民致富之友，2018（15）：214.

［26］　徐田芳. 农村经济审计的创新模式探讨［J］. 现代农业科技，2018（14）：289，296.

［27］ 成永菊. 农村集体经济审计模式创新研究［J］. 农民致富之友，2018
（8）：8.

［28］ 钱钢，张天昕. 实施乡村振兴战略　创新江苏农村审计模式——以
江苏盱眙县为例［J］. 市场论坛，2018（3）：44-48.

［29］ 邢维全. 土地制度改革背景下的农村集体经济审计模式创新［J］.
天津商业大学学报，2017，37（3）：38-42，73.

［30］ 王成君. 创新监督机制　完善农村审计　为农村经济发展保驾护
航［J］. 现代农业，2016（3）：85.

［31］ 李成艾. 农村审计组织模式的创新与发展——基于宁波农村审计
的实践与探索［J］. 财会通讯，2011（13）：89-90.

［32］ 王宝庆. 农村集体经济审计监督模式研究——基于浙江实践［J］.
审计月刊，2008（4）：16-18.

［33］ 董萍艳，田颖. 农业农村审计的重点内容及研究思路［J］. 现代审
计与经济，2023（5）：29-30.

［34］ 刘胜辉，易怡君. 乡村振兴背景下大数据技术在湖南农村审计中的
应用研究——以 F 县为例［J］. 山西农经，2022（20）：122-124.

［35］ 胡亚琦，李国燕. 农村审计助力乡村振兴的路径分析［J］. 山西农
经，2022（14）：132-134.

［36］ 乔雅婷. 乡村振兴战略背景下加强农村审计监督路径研究［J］. 市
场周刊，2021，34（12）：118-120.

［37］ 孙悦. 乡村振兴战略背景下农村审计面临的问题及对策［J］. 环渤
海经济瞭望，2021（8）：129-131.

［38］ 李视友. 风险导向审计模式在农村审计中的应用探讨［J］. 当代农
村财经，2021（5）：37-40.

［39］ 李视友. 农村审计模式及其评价探究［J］. 当代农村财经，2021
（2）：33-35.

［40］ 赵瑞梅. 我国农村审计定位与审计人才的培养［J］. 农业经济，

2020（11）：64-66.

［41］ 杨绍兰."三资"管理的农村审计模式分析［J］.农业开发与装备，2019（1）：27+32.

［42］ 蔺耀祖.关于农村经济审计工作重点环节的探讨［J］.南方农业，2018，12（15）：184，187.

［43］ 麻丽燕.推进农村集体经济审计工作的路径探究［J］.中国集体经济，2018（10）：18-19.

［44］ 曾雯.新农村建设基建工程审计现状及对策研究［J］.广东蚕业，2017，51（4）：23.

［45］ 高金霞.新时期农村集体经济审计的制约因素与策略研究［J］.时代金融，2017（5）：72.

［46］ 马振琴.深化"三资"管理下的农村审计模式研究［J］.财会学习，2016（15）：141-142.

［47］ 张东.当前农村审计工作中存在的问题及解决对策［J］.农业与技术，2015，35（22）：187.

［48］ 李国兰，杨悦.试论农村经济审计信息化服务体系的构建——基于重庆市农村集体经济组织审计工作［J］.财经界，2015（29）：319-320，364.

［49］ 曾雯.新农村建设基建工程审计现状及对策研究［J］.广东蚕业，2017，51（4）：23.

［50］ 高金霞.新时期农村集体经济审计的制约因素与策略研究［J］.时代金融，2017（5）：72.

［51］ 马振琴.深化"三资"管理下的农村审计模式研究［J］.财会学习，2016（15）：141-142.

［52］ 张东.当前农村审计工作中存在的问题及解决对策［J］.农业与技术，2015，35（22）：187.

［53］ 李国兰，杨悦.试论农村经济审计信息化服务体系的构建——基于

重庆市农村集体经济组织审计工作［J］.财经界，2015（29）：319-320，364.

［54］ 何展涯.浅谈乡镇领导干部经济责任审计［J］.理财，2023（10）：68-69.

［55］ 韩艳.加强乡镇领导干部经济责任审计实践与探索［J］.现代审计与经济，2023（5）：12-13.

［56］ 杨明泉.乡镇领导干部经济责任审计评价体系研究［J］.中国产经，2021（12）：40-41.

［57］ 谭小琴，罗勇，陈青松等.乡镇领导干部自然资源资产离任审计研究与应用现状及展望［J］.科技资讯，2021，19（13）：245-247，251.

［58］ 吴琼.审计助力乡村振兴政策落实的作用路径优化研究［J］.中国内部审计，2023（9）：91-95.

［59］ 李婷，李毛毛.“脱贫攻坚、乡村振兴”政策落实跟踪审计研究——以陇东地区为例［J］.中国农业会计，2023，33（15）：79-82.

［60］ 林子琪，曾婷.大数据技术在乡村振兴政策落实跟踪审计中的应用研究［J］.乡村科技，2023，14（7）：16-19.

［61］ 落实完善税费政策　积极助力乡村振兴［J］.中国税务，2023（2）：25-28.

［62］ 李晓冬，马元驹.乡村振兴政策落实跟踪审计四维审计模式构建——以公共政策评估标准为视角［J］.经济与管理研究，2022，43（3）：99-113.

［63］ 刘婵.基于乡村振兴背景浅谈农村集体经济组织财务审计要点［J］山西农经，2023（18）：130-132.

［64］ 邵波.新时期农村集体经济审计面临的问题与改进策略［J］.投资与创业，2022，33（15）：58-60，68.

［65］ 刘龙.新时期农村集体经济审计的制约因素与策略探讨［J］.山西

农经，2019（7）：142-143.

[66] 王江波. 我国农村集体经济审计模式的制度变迁与创新路径研究[J].
绿色财会，2019（4）：18-21.

[67] 徐东升. 新农村建设中的农村集体经济组织审计模式研究［D］.
郑州：河南农业大学，2009.

[68] 刘罡. 村级集体经济组织审计模式研究［D］. 北京：中国农业大
学，2004.

[69] 王晓玉. 乡村治理视角下 X 县农村审计绩效评价研究［D］. 乌鲁
木齐：新疆农业大学，2022.

[70] 方颖颖. 乡村振兴背景下 G 县专项资金审计问题研究［D］. 泰安：
山东农业大学，2023.

[71] 张文玉. 济宁市 A 区农村集体经济审计优化研究［D］. 泰安：山
东农业大学，2023.

[72] 舒如华. 农村集体经济审计存在的问题与对策分析研究［D］. 南
昌：江西财经大学，2022.

[73] 刘弘. 乡村振兴政策跟踪审计研究［D］. 昆明：云南财经大学，
2022.

[74] 焦阳. 村干部经济责任审计工作中的问题及完善对策研究[D]. 保
定：河北大学，2022.

[75] 余懿洋. 委托代理视角下浙江省农村集体经济审计模式研究［D］.
上海：华东交通大学，2019.

[76] 刘晓彤. 乡镇领导干部经济责任审计评价指标体系构建研究［D］.
石家庄：河北地质大学，2021.